# KOMMEN SIE NÄHER

PETER SIMONISCHEK
MIT SASKIA JUNGNIKL-GOSSY

# KOMMEN SIE NÄHER

MOLDEN

## WARUM DIESES BUCH

„Mein bisher letztes Buch ist einige Jahre her und die Frage kam immer näher: Wann schreibst du weiter? Es gab für mich keinen Grund, noch eines nachzuschreiben, bis zu dem Moment, wo unsere gewohnte Welt zu brennen begann. Als Pandora begann, ihren Tonkrug nun über uns auszuschütten. Es sollte sich zeigen, dass wir nicht noch einmal davongekommen waren.

Was dieser Nachttopf für mich persönlich bedeutet, was er an Unerwartetem und Herausforderndem für mich bereithält, davon erzählt dieses Buch."

Peter Simonischek
(1946–2023)

UND PLÖTZLICH IST DA APPLAUS. Er füllt den Platz vor dem Burgtheater, er greift um sich, er breitet sich in den Volksgarten, über den Ring bis zum Rathausplatz aus. Trauergäste, Touristen, Anteilnehmende, Familien mit Kindern, Jugendliche, die auf Parkbänken sitzen und nun aufstehen, sie alle klatschen. Es ist ein ehrenvolles, schweigendes, minutenlanges Klatschen.

Der letzte Applaus für einen der ganz Großen.

Es ist eine besondere Würdigung, die es in dieser Form nur in Wien gibt, nur im Burgtheater, dem traditionsreichsten Haus in einem mit Theatertradition vollem Land. Eine letzte Ehre, die man erweisen kann, ein letztes großes Dankeschön für alles, was der Kunst und den Menschen gegeben wurde, und es ist symbolhaft für den Schock und die Lücke, die sein Ableben hinterlässt: Peter Simonischek ist tot.

Burgschauspieler, Filmstar, Lebemann, dieser vielseitige Schauspieler, einer der letzten großen Stars. Beherrscher so vieler Bühnen, unbändig in seinen Rollen.

An diesem Tag im Juni 2023 trägt das Burgtheater Schwarz. Leuchtfeuer weisen den Weg. Ein einfacher Holzsarg, ein schlichtes schwarzes Holzkreuz. Der Applaus, der seinen letzten Weg begleitet, als der Sarg die Burg verlässt und weggefahren wird.

Wer war dieser Peter Simonischek im Leben?
Und wer war er im Tod?

Die gemeinsame Reise von Simonischek und mir beginnt ein halbes Jahr zuvor. Ab Dezember 2022 telefonieren wir, es folgen viele Treffen, intensive Gespräche.

Ein Buch wollen wir schreiben, da sind wir uns sicher, eines, das ihn zeigt, seinen Blick auf die Welt. Das sein Wissen weitergibt, nach einer lebenslangen Karriere.

Glück. Unglück.

Reich beschenkt im Leben, muss er sich plötzlich dem Unglück stellen.

Wer sind wir in Anbetracht der Endlichkeit?

Auf manche Fragen gibt es keine Antwort, auf manche den Versuch einer Antwort.

Dieses Buch ist in den letzten Monaten vor seinem Tod entstanden. Er sollte es in Händen halten können, so war es gedacht, doch es kam anders. Wenige Tage nachdem ich ihm die fertige Fassung vorgelesen hatte, starb er im Kreis seiner Familie.

Dieses Buch gibt wieder, was er sagen wollte, was ihm wichtig war, noch mitzuteilen. Es ist sein Vermächtnis.

Die Burg, das sind vor allem die Menschen dort. So hat er es mir gegenüber einmal ausgedrückt. Nun fehlt einer von ihnen. Sein Tod hinterlässt eine große Leere. Sie wird nicht zu füllen sein.

Erkerzimmer in Simonischeks Wohnung
Wien, 2023

SECHS MONATE ZUVOR, Jahreswechsel 2023. Wir treffen einander in Wien. Peter Simonischek sitzt im Kaminzimmer seiner Wohnung, der Tisch steht in einem Erker.

*Es gab Zeiten, da hab ich zu meiner Frau gesagt, wir haben so viel Glück. So unglaublich viel Glück. So einfach kommt doch niemand davon. Irgendwer wird die Scheiße auslöffeln müssen.*

Simonischek rührt Kandiszucker in seinen Schwarztee. Draußen beginnt es zu dämmern.

*Wer hätte gedacht, dass ich das selbst bin, oder?*, fragt er dann.

Peter Simonischek ist einer der vielseitigsten Schauspieler im deutschen Sprachraum, einer der letzten großen Stars. Er steht auf dem Zenit seines Schaffens, erntet, was er die Jahre zuvor gesät hat. Er hat viel gesehen, noch mehr erlebt und ja, er hatte im Leben richtig viel Glück – und plötzlich großes Pech.

Im Jänner 2022 hat Simonischek Corona. Im April noch einmal. Sein langjähriger vertrauter Arzt sagt: Machen wir doch sicherheitshalber ein Lungenröntgen, nach zweimal Corona, nur um zu schauen, ob da eh nichts ist. Auf dem Röntgen sieht man auf dem rechten Lungenflügel einen hellen Fleck.

*Das muss nichts heißen*, sagt der Arzt.
*Ich hab mir überhaupt nicht gedacht, dass es etwas Arges sein könnte*, sagt Simonischek.

Glück.

Er soll Cortison nehmen, eine hohe Dosis, 50 Milligramm am Tag. Nach sechs Wochen ist der Schatten noch immer da. Die Untersuchungen werden ausgeweitet.

Die Ärztin sitzt ihm gegenüber, sie sagt: Lungenkrebs. Inoperabel. Chemotherapie, Immuntherapie.

*Waaaaas??!*

Peter Simonischek sieht mich an.

*Das hab ich geantwortet. Einfach nur ein langgezogenes, lautes: Waaaas??*

Was soll man da begreifen?

SIMONISCHEK SCHENKT TEE NACH. Draußen ist Winter, drinnen ist es angenehm warm. Die Wohnung, in der Simonischek und seine Frau Brigitte Karner wohnen, ist gemütlich. Auf jene Art, wie Wohnungen gemütlich sind, wenn man ihre Bewohner darin erkennt. In einer Ecke steht ein Kamin. Das Feuer brennt herunter, ich soll Holz nachlegen, Simonischek beobachtet mich genau. Er dirigiert die Anordnung der Scheite. Zum Glück bin ich auf einem Bauernhof aufgewachsen, Feuer machen kann ich. Er ist zufrieden.

Wir treffen einander heute zum ersten Mal persönlich. Bisher war Simonischek für mich ausschließlich Burgschauspieler, Jedermann, Theaterstar. Ich habe ihn auf der Bühne gesehen und im Fernsehen. Ich mochte ihn, aber ich kannte ihn nicht.
In den kommenden Monaten werden wir einander oft treffen und sehr viel miteinander reden. Ab heute wird es persönlich.

Im Raum ist es still, man hört nur das Knacken und Knistern des Feuers. Simonischek sieht gut aus. Selbst jetzt. Ein bisschen eingefallen, er hat im vergangenen Jahr über 15 Kilogramm abgenommen. Schlohweiße Haare, Fünftagebart. Er ist fast zwei Meter groß.

Eine enorme Präsenz.

Einnehmende, kluge, wache Augen. Sein Lachen wirkt ehrlich und sarkastisch zugleich. Er trinkt seinen Tee ohne Milch, nur mit etwas Kandiszucker.

Die Hand mit der massiven Teekanne zittert.

Vielleicht ist die Kanne schwer, vielleicht hat er sie unglücklich in die Hand genommen, vielleicht ist es einfach nur die Müdigkeit. Vielleicht ist das Zittern nicht echt.

Ich frage mich das, zumindest am Anfang, als ich ihn noch nicht gut kenne. Es ist keine Unterstellung, es ist ein Kompliment.

Simonischek kann sein, wer immer er mag.

Für die anderen.

Seit fast sechzig Jahren ist er Schauspieler. Was macht das mit einem? Simonischek sollte Zahntechniker werden, das war zumindest die Vorstellung des Vaters. Doch der Teenager wusste, was er machen wollte: Schauspielen. Er hat diese Karriere durchgesetzt, ist heimlich nach Graz in die Schauspielschule gegangen, gegen den Widerstand der Eltern. Und was für eine Karriere das war.

Er beendet die Schauspielschule nach zwei Jahren, ein Jahr vor Ende, weil er ein Engagement in St. Gallen hat. Anschließend wechselt er oft und rasch die Theater, zwei Jahre Bern, zwei Jahre Darmstadt, drei Jahre Düsseldorf – und schließlich der Sprung nach Berlin zu Peter Stein an die legendäre Schaubühne. 1999 geht er nach Wien, ans Burgtheater, wo er Ensemblemitglied, 2019 Ehrenmitglied wurde. Ihm gelingt, was kaum jemandem gelingt, nämlich sowohl als Theater- und auch als Filmschauspieler zu bestehen.

So könnte man jetzt sein Leben in diesem Buch erzählen. Als Abfolge seiner Erfolge, derer es genügend gibt.

Und doch ist das nur selten richtig. Denn das Leben ist viel mehr, und vor allem ist es das Dazwischen. Es sind die Tiefen, die Schwierigkeiten, das Hadern und Wiederaufstehen, das zeigt, wer man ist.

Glück. Unglück.

Was sicher ist: Simonischek ist ein großer Komödiant. Ihm zuzuhören ist ein Vergnügen und das gilt selbst, wenn er die banalsten Dinge erzählt. Da sitzen Worte, Gestik, Mimik, Lautmalerei. Manchmal betont er Wörter, indem er mit seinem Gehstock im Takt auf den Boden klopft. Der Mann weiß um Dramatik. Ein Mensch, der die Bühne der Festspiele in Salzburg beherrscht, der als Jedermann den ganzen Domplatz aufweckt und in Spannung hält, so ein Mann beherrscht doch sicher einen einzelnen Tisch in seiner Wohnung mit nur einem Gegenüber. Und doch: Vielleicht ist das sogar schwieriger.

Wer ist Peter Simonischek, wenn ihm die Bühne genommen wird?

Absicht und Absichtslosigkeit.

Davon wird das Schauspiel beherrscht, und Simonischek weiß das wie kaum ein anderer. Wenn man keine Absicht im Spiel mehr erkennt, wenn es einfach läuft, dann, sagt Simonischek, *steigt das Herz eine Etage höher, dann euphorisiert es Spieler und Zuseher, dann ist es magisch.*
Wie man dorthin kommt?

*Ich weiß es nicht*, sagt Simonischek. Und wieder taucht der Gedanke auf: Kann man ihm das glauben?

Peter Simonischek als Jedermann
Salzburger Festspiele, 2002–2009

Es ist das Wesen des Schauspiels, dass es ein Publikum braucht. Der Schauspieler braucht sein Gegenüber. Ein Schauspiel ohne Zuseher läuft ins Leere, eine Darstellung braucht ihre Resonanz, die wohlwollende, die ablehnende. Ein Witz braucht ein Lachen, sonst gilt er als keiner, oder?

Simonischek ist kein Freund davon, den Zusehenden auf der Bühne alle Arbeit abzunehmen. Manchmal versteht das Publikum eben nicht gleich. Muss auch nicht gleich verstehen. Manchmal braucht es ein bisschen, um zu begreifen.

*Doch dann, wenn man es gut macht, werden die Hälse im Zuschauerraum immer länger.* Simonischek streckt den Hals in die Länge. *Diese Aufmerksamkeit muss erarbeitet werden. Aber wenn man sie hat!* Er klopft mit seinem Stock auf den Boden. *Dann muss man nur in der Situation sein. Dann muss man nur spielen.*

Also spielt er. Simonischek schlüpft in Rollen, als wären sie seine zweite Haut. Wenn er Geschichten erzählt, ist er einmal der Erzähler. Dann plötzlich verkörpert er innerhalb seiner Geschichte die Rolle eines alten steirischen Männchens. Abgelöst von einer herrischen Frau. Wieder der Erzähler. Er wechselt von einer Rolle zur nächsten und man folgt ihm nach, denn was er erzählt und wie er es macht, es ist alles real.

Wann ist Simonischek er selbst?

Man glaubt ihm den Tiroler Bergdörfler, Nathan den Weisen und einen Berliner Geschäftsmann innerhalb weniger Momente. Was ist wahr? Und bei manchen Dingen, die er erzählt, bleibt man hängen, weil man nicht genau weiß, was man glauben soll.

Wie trennt man Simonischek, den Menschen, von Simonischek, dem Tragöden? Ist das überhaupt möglich?

Simonischek kann weinen, wenn er möchte, lachen, wenn er sich danach fühlt, und Unsicherheit vortäuschen, wo keine ist. Es ist schwierig, ihn zu durchschauen.

Und natürlich kann er zittern, wenn er das möchte.

Vielleicht möchte er aber gar nicht.

Denn Simonischek ist auch, wer er im Moment ist.

Für sich selbst.

Da geht es ihm wie jedem anderen Menschen. Er ist auf sich zurückgeworfen. Da gab es diese Diagnose und dann gab es Fachbegriffe, Ärztevokabular, Krankenhauszimmer, Infusionen, Chemotherapie, Immuntherapie. Es ist der Anfang vom Ende und er weiß das.

Was zählt, wenn man mit der Endlichkeit konfrontiert wird?

Simonischek muss sich dem Tod stellen, seiner Endlichkeit, und diesmal ist es kein Spiel auf der Bühne. Diesmal verhandelt er mit sich selbst.

Das hier ist die Geschichte einer Annäherung.

Der unsrigen an ihn.

Und der von Simonischek an sich selbst.

Simonischek als Winfried in „Toni Erdmann" mit seiner Filmtochter Sandra Hüller
Bester Darsteller – Europäischer Filmpreis, 2016

IM JAHR 2016 steht Peter Maria Simonischek auf dem Höhepunkt seiner Karriere.

Vermutlich gibt es kein richtiges Alter, um den Zenit seines beruflichen Schaffens zu erreichen, aber Simonischek war damals gerade siebzig Jahre alt geworden und das scheint eine gute Zahl zu sein. Im Sinne von: Der Weg ist das Ziel. Mit siebzig bleiben einem im Normalfall noch einige Jahre und Jahrzehnte, um den Erfolg zu genießen, ohne dem Druck standhalten zu müssen, ihn auch zu bewahren. Steht man zu früh ganz oben, scheint jede Abweichung ein Misserfolg. Bei Simonischek bauten sich die Stufen seiner Karriere kontinuierlich aufeinander auf. Simonischek, der Schauspieler, hat nie keinen Erfolg. Er spielt sich konsequent in die Köpfe und das Bewusstsein der Menschen. Und gerade, als es daran geht, den Erfolg zu ernten, kommt *Toni Erdmann*.

Der Film, in dem Simonischek den Sozialromantiker Winfried spielt, der sich seiner entfremdeten Tochter Ines, verkörpert von Sandra Hüller, mit Scherzen und in lustiger Aufmachung anzunähern versucht. *Toni Erdmann* schlägt ein.

Simonischek erlangt nun eine neue Dimension internationaler Anerkennung. Er ist der erste Österreicher überhaupt, der den Europäischen Filmpreis als bester Darsteller gewinnt. Die Tragikomödie wird für den Golden Globe, den Oscar, den Critics' Choice Movie Award, den César und den British Academy Film Award nominiert. Er gewinnt den FIPRESCI-Preis in Cannes, den Deutschen Filmpreis – und das sind nur einige Preise von vielen.

Bei der Oscarverleihung 2017 darf er nicht mit über den roten Teppich gehen, Regisseurin Maren Ade darf nur eine Person als Begleitung auf den Red Carpet mitnehmen. Simonischek lässt seiner Kollegin Hüller den Vortritt. Aufregend ist es für ihn trotzdem. Dass sie den Oscar nicht gewinnen, wurmt ihn etwas. *Das ist wie beim Lotto: Wenn du schon fünf Richtige hast, dann willst du die Million.* Zu diesem Zeitpunkt ist Simonischek seit fast fünfzig Jahren Schauspieler.

Im Frühjahr 1967 fährt der Zwanzigjährige mit seinem Fahrrad von der Grazer Messe aus, wo er gerade beim Ausstellungsaufbau jobbt, zur Aufnahmeprüfung an die Grazer Schauspielschule. Er trägt einen Monolog aus dem *Verschwender* von Ferdinand Raimund vor. Im Anschluss bekommt er zu hören: „Weil wir uns in Ihrem Falle alle einig sind, brauchen Sie nicht auf das Ergebnis zu warten, wir sagen Ihnen jetzt:

Wir empfehlen Ihnen, diesen Beruf zu ergreifen."

*Ich war in einem Gefühlstaumel. Nach all den Jahren der Bevormundung und Einengung konnte zum ersten Mal eine Zeit in meinem Leben beginnen, die mir gehörte. Nur der Weg dorthin ... der Weg, meine Revolte, war nach österreichischer Art: privat und heimlich.*

Er erzählt seinen Eltern nichts davon. Sie glauben, er studiert Architektur – doch davon später mehr.

Für Simonischek jedenfalls war schon sehr früh klar, was er im Leben machen will.

Toni-Erdmann-Premiere in Cannes
Internationale Filmfestspiele Cannes, 2016

*„Wenn ich heute auftrete,
das ist die völlige Befreiung."*

Peter Simonischek

*Ich wusste mit 16 Jahren, dass ich Schauspieler werden wollte. Nachdem ich in Graz im Schauspielhaus war. Das wurde im Jahr 1962 wiedereröffnet, nachdem es im Krieg zerbombt worden war. Jedenfalls hat mein Vater Karten gekauft und ich hab dort eine Aufführung von „Hamlet" gesehen. Als ich danach wieder nach Hause ging, war ich in heller Aufregung. Ich war hin und weg von dem Ganzen.*

*Ich wusste: Das will ich!*

*Das will ich.*

*Und nichts anderes.*

*Nichts.*

*Ich war komplett euphorisiert. Es war, als hätte der Blitz eingeschlagen. Ich sehe heute noch bestimmte Szenen vor mir. Hauptsächlich deswegen, weil Helmuth Lohner Hamlet spielte und Lohner ein so guter Schauspieler war. Und die Inszenierung von Fritz Zecha war toll. „Hamlet" ist auch kein langweiliges Stück, wenn man das gut macht, es ist ja ein Krimi. Da kann man den Stoff gar nicht nacherzählen, das ist wie fünf Stücke ineinander gewebt.*

Hat ihn dieses Gefühl je wieder verlassen?

*Nein. Bis heute nicht. Wenn ich heute auftrete, das ist die völlige Befreiung.*

*Wir hatten mal einen Theater-Workshop, als ich an der Schaubühne war, und da sollten wir Angst spielen. Und ich dachte nur, hä? Angst? Ich hab keine Angst. Ich verstehe das Konzept von Angst gar nicht. Dabei ist meine Branche dafür doch prädestiniert, die Auftritte, das Bestehen vor dem Publikum, das Lampenfieber. Aber das hatte ich nie.*

*Aufregung, ja. Aber Angst nie. Auftreten, zu spielen, das ist für mich eine Befreiung.*

Wie ist das heute mit der Angst?

*Heute hab ich Angst, aber vor anderen Dingen. Vor dem Sterben, ja, vor dem Sterben hab ich Angst. Vor dem Tod nicht. Wenn der einmal da ist, dann ist das Schlimmste überstanden.*

Simonischek schaut aus dem Fenster. Der Tee wird kalt.

Am Moskauer Künstlertheater spielte Simonischek im „Kirschgarten" von Anton Tschechow in einem Gastspiel der Schaubühne den Gajew – den Leichtsinn schlechthin. Inszeniert hatte Peter Stein das Stück im Jahr 1989.

## NATHAN – EINE ANEKDOTE

*Meine erste Rolle überhaupt hatte ich als Tempelherr in „Nathan der Weise" von Gotthold Lessing, gespielt im Kurtheater in Baden bei Zürich. Das war die Sommerspielstätte des Stadttheaters St. Gallen. Die hatten zu der Zeit nur Zehn-Monats-Verträge, in den zwei Monaten im Sommer hat man kein Geld gekriegt. Also haben sie das so gelöst, indem sie in dieser Zeit das Theater in Baden in der Schweiz bespielt haben. Mit einem gewissen Teil des Repertoires und zwei Premieren. Und so eine Neu-Inszenierung war Nathan der Weise. War ganz lustig. Du meine Güte ... (lacht)*

Simonischek zitiert jetzt. Das macht er oft. Er erzählt nie einfach nur eine Geschichte. Er rezitiert, er singt, er intoniert. Es kann berauschend sein, ihm so nahe dabei zuzusehen, wie er scheinbar mühelos die Aussprache, die Gestik, die Mimik, seine gesamten Gesichtszüge verändert. Er zitiert ja nicht nur. Er spielt. Man sieht sich daran kaum satt.

„Vor grauen Jahren lebt' ein Mann in Osten,
der einen Ring von unschätzbarem Wert
aus lieber Hand besaß."

*Jedenfalls hat er drei Söhne, die er alle gleich liebte,* erzählt Simonischek weiter. *Er besaß die Schwäche, einem jeden zu einem bestimmten Anlass den Ring zu vermachen. Der Ring hatte die Eigenschaft, einen Menschen vor Gott und den Menschen angenehm zu machen. Wer den Ring trug, war zugleich Chef der Familie. Als es zum Sterben ging, hat er einen berühmten Goldschmied kommen und zwei Ringe nachmachen lassen, genau gleich. Haargenau. So, dass er sie selbst nicht unterscheiden konnte. Und am Sterbebett hat er jedem Sohn einen Ring gegeben.*

*Und nach seinem Tod sind die Söhne draufgekommen, dass jeder einen Ring hat, und jeder hat darauf beharrt, dass seiner der echte ist. „Er hat es mir versichert", sagten sie. Und dann gab es Streit, natürlich. Da sind sie zu Gericht gegangen und der Richter sagt, was soll das? Ich bin ja kein Orakel. Was soll ich dazu sagen? ... Halt!, sagte er dann. Der eine Ring soll doch eine besondere Eigenschaft haben. Einen vor Gott und den Menschen angenehm zu machen. Welche zwei von euch lieben wen mehr? Da haben sie sich nicht einigen können. Dann hat er gesagt, na ja, es wird wahrscheinlich so sein, dass alle drei falsch sind und der echte Ring ging verloren. Hm. Wenn ihr einen Rat von mir wollt: Trage doch jeder diesen Ring in dem Bewusstsein, dass es der richtige ist.*
*Und lebe so, dass sein Leben ihm beweist, dass er den richtigen Ring hat. So zu leben, dass er vor Gott und den Menschen angenehm ist.*

Simonischek blickt zu mir. Ich könnte jetzt auch schreiben, er schaut mich an. Es wäre halt nicht ganz richtig. Schon klar, manchmal schaut er mich im Gespräch an. Manchmal aber ist es ein Blick. Er kann alles Mögliche bedeuten: Jetzt kommt etwas Wichtiges. Achtung, das ist eine Schlüsselstelle. Vielleicht vergewissert sich der Schauspieler in ihm auch immer wieder meiner Aufmerksamkeit. Wie viel liest er als Schauspieler aus den Gesichtszügen eines anderen?

*Das ist natürlich eine Parabel auf die drei Weltreligionen. Islam, Christentum und Judentum. So ein tolles Stück!*

Zur Bestätigung klopft er mit seinem Stock hart auf den Boden.

*Und dann, der Kernpunkt des Stückes. Der dritte Akt, der Tempelherr hat einen langen Monolog, in dem er hadert und sich fragt:*

*Wie ist das möglich? Das geht doch nicht, ich bin ein christlicher Tempelritter, zur Befreiung Jerusalems losgeschickt, und jetzt verliebe ich mich in ein jüdisches Mädchen, unglaublich.*

*„Und an wessen Beifall*
*Liegt mir denn sonst? – An Nathans? – O an dessen*
*Ermuntrung mehr, als Beifall, kann es mir*
*Noch weniger gebrechen. – Welch ein Jude! –*
*Und der so ganz nur Jude scheinen will!"*

*Und dann am Ende des Monologs sage ich, also der Tempelherr, noch: „Hier kommt er. Kommt mit Hast."*

*Aber Nathan kam nicht. So begann der Fehler.*

*Ich wiederhole auf der Bühne: „Kommt mit Hast."*

*Hm, kam immer noch niemand.*

*Die Souffleuse saß in ihrem Kammerl und hat ihr Büchlein zugeklappt und ist über die Seitenstiege hinuntergelaufen, denn unter der Bühne waren die Garderoben. Ich dachte, na ja, gut, das is ja jetzt absehbar. Also hab ich zum Publikum gesagt: „Er verweilt .... bei den Kamelen ...." Damit war für eine halbe Minute wieder etwas Zeit gerettet. Und dann kam Nathan da die Treppe hoch, völlig außer Atem. In Hast! (Lacht.)*

*Und ich dachte, das passt gut. Ich bin also abgegangen, um ihn auf die Bühne zu begleiten. „Ihr habt sehr lang beim Saladin euch aufgehalten", sag ich zu ihm laut, als wir die Bühne wieder betreten. Und dachte mir, na, endlich ist der erfahrene Alte da, jetzt geht es weiter. Der hat aber natürlich gar nichts gewusst. Der wusste nicht, wo die Glocken hängen.*

*Der war so schockiert, dass er seinen Auftritt verpasst hat, er wusste gar nicht, welchen Auftritt. Augen wie Hosenknöpfe. Und macht eine endlose Pause.*

*„Was nun, Ritter?", sagt er.*

*Die Souffleuse saust wieder nach unten zu ihrem Buch – das sie blöderweise zugeschlagen hatte – und sucht und sucht die Stelle. Flüstert es ihm dann endlich zu, er hat aber natürlich kein Wort verstanden. Da ist sie aufgestanden und hat ihm deutlich ins Ohr gesagt, was er zu sagen hatte. Mittlerweile war da im Publikum natürlich schon großes Gelächter.*

*Das war meine erste Premiere am Theater.*
*Die merkt man sich.*

WENN MAN BEI SIMONISCHEK IN DER WOHNUNG IST, entdeckt man nach und nach die Preise. Ein Bord in der Küche, ein paar auf den Fensterbänken im Kaminzimmer, ein paar im Lesezimmer. Die Oscar-Nominierung, eine Urkunde in Glas, lehnt gegen ein Fenster. Ist er stolz darauf?

*Ich hab kein Talent dafür, stolz zu sein.*

*Aber „Toni Erdmann" ist ein wirklich toller Film. Ich bin sehr dankbar, dass ich die Rolle bekommen habe.*

Was macht Erfolg für dich aus?

*Für die Öffentlichkeit war wahrscheinlich der „Jedermann" mein größter Bühnenerfolg. Für mich persönlich nicht.*

Was war es dann?

Simonischek schweigt.

*Mein größter persönlicher Erfolg war, dass ich in „Der Kirschgarten" von Anton Tschechow bei einem Gastspiel am Moskauer Künstlertheater die Rolle des Gajew spielen konnte. In einer Inszenierung der Schaubühne von Peter Stein im Jahr 1989. Dieselbe Rolle, die Konstantin Stanislawski in der Uraufführung gespielt hat. Dieselbe Rolle an derselben Stelle: Das war für mich mein größter Erfolg.*
*Da stand ich da und war stolz.*
*Stolz, und was weiß ich was alles.*
*Beglückt.*

Blick in Simonischeks Wohnung, Wien 2023
Bild: Xenia Hausner

Deutscher Schauspielpreis – Ehrenpreis „Lebenswerk"
Berlin, 2018

Konstantin Stanislawski, die Kultfigur des Theaters, der Gottseibeiuns aller großen Schauspielschulen, aus dessen Lehren Lee Strasberg das Method Acting entwickelte.

Er stellt das Zusammenspiel des Inneren, also des Psychischen, mit dem Äußeren, dem Physischen, dem Schauspiel in den Vordergrund. Erleben, was man verkörpert. Schauspielerinnen und Schauspieler sollen sich auf ein emotionales Erlebnis ihres Lebens konzentrieren, um eine Rolle wahrhaftig zu spielen. Dabei die Spontaneität beizubehalten, wenn man das Ganze zigmal wiederholt, ist nur eine der Schwierigkeiten dabei.

Was macht aus einem beliebigen Darsteller denn einen begnadeten Schauspieler?

*Dort, wo die Strecke zwischen hier* (Simonischek tippt sich an die Stirn) *und hier* (er legt die Hand aufs Herz) *ganz kurz ist. Ganz kurz. Denken und die dazugehörige Emotion. Das geht ganz schnell, und darauf kommt es an. Kein Filter, keine Absicht, kein Bewusstsein. Direkt das Empfinden in das Spiel umzusetzen.*

Wie ist das bei dir?

*Na ja, es sind keine Kilometer Abstand bei mir.*

Das ist ein typischer Simonischek-Satz. Er weiß um sein Können und seinen Erfolg, aber er schmiert es niemandem aufs Brot. Er hat es nicht nötig, es ist aber auch nicht sein Stil.

*„Spiel mal ein bisschen so ..." – Wenn das jemand zu einem sagt: Allein das ist verheerend! Denn dann spielt (!) man. Es. So. (Betont jedes Wort.) Da kommt ein Haufen Absicht zwischen Denken und Spielen. Und dann interessiert es schon niemanden mehr. Die Leute wissen schon, was gemeint ist, sie verstehen das Spiel auch so. Aber richtig berührt sind sie nicht. Es muss mir passieren, es muss bei mir passieren, erst dann passiert es beim Publikum da unten auch. Das muss man erst einmal schaffen, so klar zu sein, so frei zu sein, so frei zu spielen.*
*Das ist tagesunterschiedlich, das ist Übungssache. Du kannst einem Kollegen alles kaputt machen, wenn du zu ihm sagst: Du, an der Stelle, das spielst du so super. Das wird nie wieder funktionieren. Nie mehr wird das so schön. So macht uns das Bewusstsein alle feige.*

*Bewusstsein, das ist der Hund.*

*Und trotzdem geht's nicht ohne. Aber wenn es so dazwischenhüpft, zwischen Denken und Fühlen, dann ... Die entscheidende Erfahrung ist, wenn man den Punkt der Wahrhaftigkeit erwischt, wenn es gelingt, ihn zu transportieren, dann ist es egal, welche moralische Qualität er hat. Dann wird man berühren. Dann wird man Herzen erreichen.*

Absicht und Absichtslosigkeit

Da ist es wieder. Es ist ein großes Thema für Simonischek.

Er redet über eine essayistische Erzählung von Heinrich von Kleist: *Über das Marionettentheater*. Als er mir das erste Mal davon erzählt, schreibe ich es auf meinen Block und mache ein Rufzeichen dazu, diese eingeräumte Wichtigkeit quittiert er mit einem zufriedenen Kopfnicken.

*Über das Marionettentheater* ist ein Dialog, es geht um Körper und Seele, Freiheit und Befangenheit. Der Erzähler unterhält sich mit einem Tänzer. Er erzählt von einer Situation, als zwei Männer einen Knaben sehen, der in seiner Gestik einen Augenblick lang der Figur des Dornausziehers gleicht.

Simonischek gibt mir einen Moment, um Dornauszieher zu googeln. Der Dornauszieher, ein antikes Motiv also, in dem ein nackter Knabe sich sitzend über seinen linken Fuß beugt, um einen Dorn herauszuziehen. Nachdem der Knabe jedenfalls auf die Ähnlichkeit dieser Pose angesprochen wird, gelingt es ihm nie wieder, sie auf diese Weise nachzuahmen. Das Bewusstsein darum lässt ihn die natürliche Schönheit verlieren. Sobald der Verstand unsere Bewegung, unser Handeln kontrolliert, geht die Spontaneität verloren.

Absicht und Absichtslosigkeit.

*Man muss in die Gnade der Unschuld zurückfallen. Den Status* (Simonischek lacht), *bevor Adam den Apfel gegessen hat. Man muss außen ums Paradies rumgehen und schauen, ob hinten eine Tür offen ist. Verstehst du?*

Ich bin nicht sicher.
Pause.

*Ich bin ja der Meinung, dass man als Erzählender, als Lehrender seine Taktik nicht eins zu eins loswerden soll. Man muss dem, der etwas begreifen soll, so viel Freiheit wie möglich geben, um es selbst zu entdecken. Ich habe eine Zeit lang am Max-Reinhardt-Seminar unterrichtet, da hab ich das auch so gehandhabt.*

Wie ist es mit dem Begreifen auf der Bühne?

*Genauso. Klaus Michael Grüber, der Regisseur, hat gesagt, die beste Regie ist die, die man nicht merkt. Da gibt es wenige davon, die das können.*

*Das Problem ist, es ist alles mit Absicht verbunden. Man glaubt, Schauspieler sein ist nur Text lernen. Und eigentlich kommt es darauf an: So zu leben und die Dinge so zu betrachten, ...*

*Ehrgeiz und Eitelkeit stehen da im Weg. Das ist Absicht bis obenhin. Und ohne geht's auch nicht. Es ist vielleicht eine Art von Gnade, die dazukommt. Wenn man es ehrlich versucht und sich bemüht, wird es plötzlich belohnt.*
*Wenn man eins ist mit allem: Mit dem Universum, mit meinem blöden Auto, mit dem Wald da.*

*Das ist ein irres Gefühl. Es ist dann da.*

Wie steht es denn um deine Eitelkeit?

*Ich bin intelligenter als ich eitel bin.*

Pause.

*Eitel bin ich sicher. Wer auf der Bühne steht, ist meistens auch eitel. Es ist nicht so eine aufdringliche Eitelkeit.*

Pause.

Zu einem anderen Zeitpunkt hat mir Simonischek erzählt, dass er den Applaus nach einer Aufführung sehr gerne hat.

*Es gibt Schauspieler, die hassen das Verbeugen und den Applaus. Die wollen am liebsten gar nicht raus. Ich liebe es, wenn das Publikum im Rhythmus klatscht und Bravo ruft. Das freut mich. Nicht ganz uneingeschränkt. Nicht so, dass ich mich völlig darin verliere. Aber ich freu mich. Dabei war es mir immer völlig egal, ob ich am Rand oder in der Mitte stehe oder links oder rechts. Meine Familie, die unten sitzt, sagt nachher immer, wieso machst du das? Die Leute wollen dich doch in der Mitte sehen. Und weißt du was? Mein Sohn, der Max, der macht das jetzt genau gleich. Dem ist es auch völlig egal, wo er steht. Schon witzig.*

Fragt man ihn erneut danach, sagt er, das habe auch damit zu tun, dass Schauspielen ein Mannschaftssport ist. Es brauche, wie beim Fußball, die Stars, die Verantwortung übernehmen – die allein auf großer Bühne aber ganz schön ungeschickt aussehen. Nur durch das Zusammenspiel funktioniere alles. *Ich habe nie empfunden, dass ich der Mittelpunkt bin. Vielleicht aus einer kollektiven Verpflichtung heraus.*

Brigitte Karner und Peter Simonischek in „Bergfried", einer österreichisch-deutschen Koproduktion unter der Regie von Jo Baier
Fernsehfilm, 2016

*DIE FRAGE IST DOCH: Was passiert von der Kindheit an mit uns? Wie werden wir von den Eltern aus dem Spiel, aus der bedenkenlosen Unschuld, in die Gesellschaft hinausmanövriert?*

*In meiner Kindheit gab es eine Situation ... Ich war ungefähr sechs Jahre alt. Meine Mama und ich wollten Milch holen. Bei uns in Hartmannsdorf* (eine Gemeinde in der Steiermark, wo Simonischek ab dem Alter von fünf Jahren aufgewachsen ist, Anm.) *gab es kein Geschäft, wir sind zum Bauern gegangen, zum Thaler. Dort angekommen, sind wir in die Küche hinein, da gab es einen riesigen Tischherd. Auf der Bank saß die Miatzl, die Magd, und hat eine Gans gschoppt* (gemästet, Anm.). *Da saßen wir, und meine Mama hat mit der Frau Thaler geredet. Plötzlich kam ein alter Mann und hat geweint.*

Simonischek wechselt in eine weinerliche Männerstimme mit hartem steirischem Akzent: „*Wieso muss ich ... na, wieso ... werd i jetzt aussegschmissn ...* (hinausgeworfen, Anm.)"

*Ein bisschen blutig war er.*

Verärgerte ältere Frauenstimme: „*Nein, nix, wir haben's dir schon gesagt, jetzt is Schluss. Schau, dass du weiterkummst! Alles ist blutig, die ganze Bettwäsche, du Dreckferkel!*"

„*Aaaber, i weiß jo gor net, wo i hinsull ... auf d'Nocht ...*"

„*Nein, aus fertig!*"

*Ich hab geschaut.* Simonischek schaut, große Augen, offener Mund, der Blick gleitet durchs Zimmer.

*Das war für mich unfassbar. Meine Mutter hat währenddessen weitergeredet und dem keine Beachtung geschenkt. Dann sind wir gegangen. Mich hat das nicht losgelassen, auf der Straße frag ich sie: "Aber Mama, was ist mit dem Mann? Mit dem Thalermandl?"*

*"Was meinst denn?"*
*"Na, der, der da so geweint hat! Was war mit dem?"*

*"Also na, der hat doch nicht geweint! Und jetzt Schluss damit ..."*

*"Mama, können wir nicht zu ihm hingehen? Ihn fragen? Können wir ihn nicht mitnehmen? Damit er bei uns schlaft?"*

*"Na, also, du bist doch verrückt! Jetzt hörst sofort auf damit! Kein Wort mehr!"*

*Mir hat das lange keine Ruhe gelassen. Komischerweise hab ich das auch mein Leben lang nicht vergessen.*

*Jedenfalls ist nichts passiert. Wir sind nach Hause gegangen. Ich weiß nicht, wie es ihm dann ergangen ist. Ich hab auch nicht mit meinem Vater darüber geredet, glaub ich.*

*Ich hab mir so eine Mutter gewunschen, die mir zugehört hätte, die mir was erklärt hätte, die mich ernst genommen hätte und gesagt hätte: "Wir reden erst einmal mit ihm. Wir nehmen ihn mit."*

*Jedes Mal, wenn ich von STS das Lied „Großvater" hör, dann muss ich heulen.* Das große Lied der steirischen Band, das von der Liebe des Großvaters zur Familie erzählt.

*Jedes Mal. Weil ich mir denke: Ein so ein Mensch im Leben ... und dein Leben läuft anders.*

*Ich hatte so jemanden nicht.*

VIELLEICHT IST ES AN DER ZEIT, über Simonischeks Kindheit zu reden.

Geboren am 6. August 1946 in Graz, im Sanatorium Eggenberg. *Ich war eine Hoffnung,* sagt er. „Ich will einen Peter, ich will einen Peter", soll seine Mama gesagt haben. Nicht auszudenken, wenn er ein Mädchen geworden wäre. Peter Maria Simonischek wurde er getauft. Maria nach seinen beiden Großmüttern.

*Meine allererste Kindheitserinnerung ist die, dass ich meinen Kinderwagen immer selber schieben wollte. Ein weiß lackierter Korbwagen war das. Selbler, selbler, das hab ich immer gesagt. Ich wollte alles selber machen, alles selbler. Und wurde ganz wütend, wenn ich nicht durfte.*

*Ich hatte eine schöne Kindheit.*

*Zumindest als ich ganz klein war, da waren die recht lieb zu mir. Ich erinnere mich an Spiele bei meinem Vater auf dem Schoß.*

*Aber als ich fünf Jahre alt war ... Da zogen meine Eltern mit mir aus Graz aufs Land nach Hartmannsdorf. Mein Vater wollte sich selbstständig machen. Bis dahin hat er bei einer Zahnärztin in Graz gearbeitet, als Zahntechniker und Zahnbehandler, und dann hatte er den Mut oder den Leichtsinn, es selbst als Zahnarzt zu versuchen. Mit diesem Umzug aufs Land hat bei meinen Eltern so eine Existenzangst eingesetzt, die alle Leichtigkeit aus dem Leben rausgenommen hat. Die waren dort sehr fremd. Gehörten einfach nicht dazu.*

*Mein Vater hat nie Zeit gehabt für mich. Tagsüber war er in der Praxis und abends war er im Labor. Er war Dentist, hat aber auch an der Prothetik gearbeitet (die Planung, Herstellung und Eingliederung von Zahnersatz, Anm.) und saß oft bis zwei und drei Uhr in der Nacht. Meine Mama war eine frustrierte Hausfrau. Sie war in Graz Buchhändlerin gewesen und hat dann alles aufgeben müssen, als wir nach Hartmannsdorf gezogen sind.*

*Und der Vater hat an der Berufsschule in Graz Sprechstundenhilfen unterrichtet. Da ist er am Montag nie heimgekommen, hat bei seiner „Mutter" geschlafen.*

*Mir haben ein Leben lang die Leichtigkeit und der Humor gefehlt.*

Simonischek hatte keine leichte Kindheit und keine leichte Jugend.

Allem voran muss er seine Schauspielkarriere heimlich beginnen. Der Vater ist streng. Wenn seine Erwartungen nicht erfüllt werden, setzt es manchmal Schläge. Er will, dass der Sohn Medizin studiert und Arzt wird. Sie schließen einen Kompromiss, Simonischek darf ein Architekturstudium an der Technischen Hochschule in Graz beginnen, parallel dazu muss er jedoch die Zahntechniker-Ausbildung absolvieren. Heimlich beginnt er jedoch an der Schauspielschule zu studieren. Er wohnt während des Studiums bei seiner Oma in Graz, an derselben Adresse, wo er mit seinen Eltern bis zu ihrem Umzug aufs Land gelebt hat: in der Eichendorffstraße im zentralen Bezirk Geidorf, nahe der Altstadt. Seine Großmutter führt genauestens Protokoll über seinen Tagesablauf.

*Der Vater rief jeden Tag an: Wann ist er nachts nach Hause gekommen? Wann ist er aufgestanden? Wann ist die nächste Prüfung?*

Als ihn der Vater einmal darauf anspricht, er sei in der Schauspielschule gesehen worden, behauptet Simonischek, er hätte dort nur ein Seminar für Bühnenbild belegt, das würden Regiestudenten gemeinsam mit Architekturstudenten besuchen.

*Das hat er geschluckt. Ich wusste, nur solange ich es geheim halten kann, gehört diese glückliche Zeit mir.*

*Die Kontrollsucht des Vaters, das Misstrauen – natürlich habe ich bis heute daran zu tragen! Absolut. Er hat mir nichts zugetraut. Gar nichts. Dass er stolz auf mich war, hab ich nur indirekt erfahren. Mir gegenüber hat er das nicht angemerkt. Hat mir immer Ausschnitte geschickt von Klaus Maria Brandauer, wie toll der ist.*

Simonischek lacht plötzlich.

*Einmal hab ich ihm eine Werbung aus der Zeitung ausgeschnitten und geschickt: Zahnarzt empfiehlt Kukident. Da hab ich dazugeschrieben: „Schau mal, was andere schaffen."*

Die vielen Zeitungsausschnitte halten den klapprigen Holzkasten zusammen – ein Querschnitt über die Jahre.

*„Irgendwann bleib i dann dort."*
STS

JÄNNER 2023 IN SIMONISCHEKS WOHNUNG. Er hat vor zwei Tagen eine Dosis Immuntherapie bekommen, und es geht ihm schlecht. Er geht am Stock, sieht müde aus, ist nachdenklich und sprunghaft in seinen Gedanken. Er zeigt Fotos des Familienhauses in Griechenland. Es liegt nahe des Pelion-Gebirges, gleich neben dem Meer. Eine große schmiedeeiserne Tür und schon ist man am Strand.
*Da bin ich gelegen, vergangenen Sommer,* sagt er.

*Und habe geweint.*

*Na, wenigstens ist der Ausblick schön gewesen.*

Simonischek macht das oft, wenn er etwas erzählt. Einfach mal einen Witz einbauen. Ein bisschen Sarkasmus, ein trockenes Lachen.

Er will es seinem Gegenüber einfach machen und belastet sich selbst.

Simonischek ist ein charmanter Gesprächspartner. Er kann aufs Stichwort eine Geschichte erzählen, in deren Verlauf ein anderes Stichwort zu einer Geschichte in der Geschichte wird. Wenn man da ein paarmal zugehört hat, bleibt man ruhig, weil die Geschichten toll und noch besser erzählt sind und Simonischek immer zum Ausgangspunkt zurückkehrt. Jede Geschichte wird auch abgeschlossen. Das ist eine Kunst. Viele Menschen kommen dagegen vom Hundertsten ins Tausendste, verlieren völlig den Faden und irgendwann ist die Luft aus der Erzählung draußen.

Das passiert Simonischek so gut wie nie. Er kann erzählen und es bleibt interessant. Sein Gedächtnis ist enorm. Manchmal erzählt er eine Geschichte öfter, dann legt er den Schwerpunkt anders.

Und manchmal, selten, gibt es da eine andere Art von Geschichte. Da verliert er sich. Er wird immer leiser und sein Blick geht nach innen. Man weiß oft nicht, ob oder wann man eingreifen soll, weil er so in sich gekehrt ist, und vielleicht taucht er ja auch wieder auf?

*Da gibt es doch dieses Lied. Mit dem Strand und dem … wie geht das noch? Lass' alles lieg'n und steh'n, geh' von daheim für immer furt …*

STS. „Irgendwann bleib i dann dort."

Simonischek singt leise.

*… bevor der Herzinfarkt, mi mit vierzig in die Windeln prackt, lieg i schon irgendwo am Strand, a Bottle Rotwein in der Hand …*

Er lacht. Man weiß nicht genau, ob man mitlachen soll. Es ist ja nicht komisch.

*Wie blöd!,* ruft er plötzlich laut.

Was, wie blöd?

*Wie blöd, dass man erst so spät erkennt, was wirklich kostbar ist. Oder das Kostbare an den Momenten.*

Pause.

Es ist keine große Lebensweisheit, dass einem die Dinge im Leben in Anbetracht des Todes größer erscheinen, aber Simonischek verkauft sie auch nicht so. Er kämpft jeden Tag, er hadert jeden Tag, er schwankt zwischen Dankbarkeit und Euphorie und Trauer und Angst.

„Genau, das ist eine super Idee!"
David Yates, Regisseur von „Phantastische Tierwesen: Dumbledores Geheimnisse" (2022), über eine Idee Peter Simonischeks. Der Schauspieler schlug vor, in der Filmrolle des gemeinen Gefängniswärters „kleine komische Würmer zu jausnen".

Er ist Glück gewöhnt. Das gewöhnt man sich nicht einfach ab.

Hat er Hoffnung?

*Ja! Ich hab Hoffnung, dass ich so leben kann wie jetzt. Ich will nicht leiden! Dass mir alles wehtut und ich ständig Leute um mich brauche, die sich dauernd um mich kümmern müssen. Da hätte ich gerne eine gute Lösung.*

Peter Simonischeks Vater hat sich selbst getötet.

*Da denk ich schon manchmal an Suizid. Ich möchte es nicht so machen wie mein Vater. Das kann ich niemandem antun.*

Wie oft er darüber nachdenkt?

*Ich denke nicht darüber nach. Es denkt mit mir darüber nach. Nachts, wenn ich wach liege ... ich steigere mich da nicht rein, aber die Dinge kommen halt.*

Was kommt nach dem Tod?

*Es wird so sein, wie es vorher war. Wieso sollte es anders sein? Es gibt ganz viele Theorien und Erklärungen, die sich alle etwas anderes ausdenken, das Bedürfnis kann ich gut nachvollziehen. Nach dem Tod wird sein, was vor dem Leben war. Das Nichts.*

―――――

EIN PAAR TAGE SPÄTER schickt er mir ein Foto. Er ist in Berlin, er spielt im Februar zweimal am Renaissance-Theater das Stück des amerikanischen Autors und Pulitzerpreisträgers Ayad Akhtar, *The Who and the What*. Ein voller Erfolg, schreibt er. Auf dem Foto sitzt er mit seiner Frau Brigitte an der Austernbar im KDW. Beide lachen, beide sehen glücklich aus. Das Leben feiern, das kann er.

―――――

ICH WAR EINMAL ZUM ARBEITEN *für ein Stück in Hamburg, und da hatte ich am Abend frei. Also dachte ich, ich schau mir meinen Film mal an, der lief damals: „Phantastische Tierwesen", der dritte Teil der „Harry-Potter"-Vorgeschichte. Ich hab mich also reingesetzt, es war ganz schön voll. Und neben mir saß ein Daddy mit seiner süßen Tochter. Sie war sehr lieb, hat da Popcorn gegessen. Und dann hab ich mittendrin auf die Leinwand gedeutet und zu ihr gesagt: „Der da, das bin ich!!"* (Lacht sehr.) *Es war so witzig.*

*Weil ich dachte gleichzeitig, was ist denn jetzt mit mir los?! Sagst einem achtjährigen Kind, ich spiel in dem Film mit. Gut, sie fand es dann toll, ihr Papa auch.*
*Gesagt hab ich es aber schon, damit es wer weiß.*

Pause.

„*Da ist man ein alter Knacker und freut sich, dass einen die Leute mögen. Das ist Lebensinhalt.*"

Peter Simonischek

*Wir hatten einen Schauspiellehrer in Graz, er hat erzählt, er spielte oft den Liebhaber in Stücken, also den, der im nächsten Zimmer verschwinden muss, wenn der Mann nach Hause kommt. Und da verschwindet er halt bei einer Aufführung. Und als er wieder rein und auf die Bühne kommt, beginnen alle Leute zu lachen.*
*Er ist dann draufgekommen, dass er voller Schnee war. Die Tür, durch die er verschwunden ist, hat nämlich ins Freie und in den Schneefall geführt. Jedenfalls gab es am Ende einen Riesenapplaus und dann steht da in der ersten Reihe einer auf, zeigt mit dem Finger auf ihn und ruft: „Der wohnt bei mir!!!!!!" Tatsächlich war das sein Vermieter für die Dauer der Aufführung.*

*Jedenfalls hat er uns diese Geschichte auch gern erzählt.*

*Da ist man ein alter Knacker und freut sich, dass einen die Leute mögen. Das ist Lebensinhalt.*

*Die Leute mögen mich im Allgemeinen. Ich mag Menschen auch. Es ist nicht immer gleich. Manchmal ist man nach einer Vorstellung erschöpft und ein paar Fans sind penetrant und übergriffig. Sie nehmen einen am Ärmel und lassen einen nicht mehr aus. Sie treiben das auf die Spitze und sagen, jetzt gehört er uns. Bei manchen ist es so, als würde man ihnen gehören, weil man auf der Bühne ein Stück von sich hergibt. Weil man sich als öffentliche Person zur Verfügung stellt.*

SIMONISCHEK LIEBT DAS KASPERLTHEATER. Als er klein war, ging sein Opa mit ihm auf den Fetzenmarkt (Flohmarkt, Anm.). Beim ersten Besuch und dann jedes Mal wieder trug er ein rot-weiß-kariertes Hemd. Sein Opa ging nämlich heimlich zum Kasperlspieler (Puppenspieler, Anm.) und gab ihm fünf Schilling.

*„Seid ihr alle da?"*
*„Jaaaa"*
*„Ich hör nix, seid ihr alle da?"*
*„Jaaaaa!!!"*
*„Der Peter auch??"*
*Schockstarre Pause vom kleinen Peter Simonischek.*
*„Der Peter mit dem gscheckerten Hemd?"*
*Pause.*
*Ein zaghaftes „Ja."*
*„Da hör ich ja gar nichts!"*
*Bisschen lauter: „Jaa."*
*„Ich seh dich nicht! Steig auf die Bank! Ah, da ist ja der Peter! Schön, dass du da bist."*

*Na, aus wars bei mir. Geschehen wars um mich.*

Simonischek lacht plötzlich über das ganze Gesicht. Man glaubt ihm auf Anhieb, dass er jetzt gerade nur glücklich ist. Dass ihn diese Erinnerung, und das ist selten, wirklich froh macht. *Das hat mir eine solche Freude gemacht! Dass der mich gekannt hat ... vielleicht war das ja die Initialzündung. Es ist einer der schönsten Glücksmomente, wenn dich der auf der Bühne anspricht. Selbst später, als ich gesehen hab, dass der Opa ihm fünf Schilling gibt, und er dann gefragt hat, „Ist der Peter auch da?", wars um mich geschehen.*

Kostbare Figurinen für eine Inszenierung von Robert Wilson
Schaubühne Berlin

Wer zu einer Vorstellung geht, trifft eine Verabredung. Man zahlt Geld dafür, dass einem etwas vorgespielt, vorgetäuscht, vorgegaukelt wird. Dafür, dass man in eine andere Welt entführt wird, dass einem etwas Berührendes, Ergreifendes, Lustiges oder Spannendes geboten wird. Und je eleganter man ignorieren kann, dass es ja nur ein Tauschhandel ist, je mehr man sich darauf einlässt und sich entführen lässt, desto schöner wird das Erlebnis.

Theater.

*In einem Lesebuch im Gymnasium war ein Foto von Attila Hörbiger drinnen, als er den Jedermann gespielt hat. Es ist ein sehr theatralisches Foto. Er steht da, mit einem Becher in der Hand, sorglos und hinter ihm ... steht schon der Tod. Und er weiß es nicht, aber das Publikum weiß es.*

Es ist die Essenz des Theaters.
Diese Spannung, dass die einen etwas wissen und die anderen noch nicht.

Absicht und Absichtslosigkeit.

*Es ist wie im Kasperltheater. Alle Kinder schreien: Kasperl, pass auf, dreh dich um! Dann dreht er sich um und da ist nichts. Wo denn? Na, da, da, daaa!*

*Die Informationen sind ungleich verteilt. Der Held da, auf der Bühne, der ist im Vergleich zu mir, der ich da unten sitze, ein Armutschkerl (bedauernswertes Wesen, Anm.). Das Publikum ist sofort emotional involviert. Man denkt, na, der Arme, was passiert jetzt, he, schau dich um! Ich weiß, er wird gleich tot sein, denn der Tod, der steht schon hinter ihm.*

Domplatz Salzburg
In Simonischeks Wohnung in Wien, 2023

Peter Simonischek als Jedermann mit Ulrike Folkerts als Tod
Salzburger Festspiele, 2006

## DER *JEDERMANN* BEGINNT MIT GOTT.

*„Fürwahr mag länger das nit ertragen, daß alle Kreatur gegen mich Ihr Herz verhärtet böslich ..."* Es sind die ersten Sätze im *Jedermann*, die vom Turm am Salzburger Domplatz über einen Lautsprecher abgespielt werden. Es ist die Stimme von Ewald Balser.

Man kann nicht mit Peter Simonischek reden, ohne über den *Jedermann* zu reden. Er ist der bisher längstdienende Jedermann, für viele Menschen ist es die erste Assoziation überhaupt, die ihnen zu ihm als Schauspieler einfällt.

Die Salzburger Festspiele sind im Sommer ein Highlight des Landes und in ihrem Mittelpunkt steht das Stück *Jedermann*. Das Spiel vom Sterben des reichen Mannes. Geschrieben von Hugo von Hofmannsthal und 1911 in Berlin uraufgeführt. Beeindruckend schon durch seine Kulisse vor dem Salzburger Dom und dann natürlich durch die Rolle des Jedermann selbst, dessen Besetzung sich liest wie das Who's Who der deutschsprachigen Theaterlandschaft. Helmuth Lohner, Klaus Maria Brandauer, Maximilian Schell – und natürlich Peter Simonischek.

Er hat den Jedermann in Salzburg länger gespielt als jeder andere. Acht Jahre, 91 Vorstellungen, hundert gar, wenn man, so wie er, die Generalproben dazuzählt. Vier Buhlschaften, vier Tode und Teufel, drei Mütter – und immer ein einziger Jedermann.

*Es ist ein „Morality Play", sagt Simonischek*, kein Theaterstück. Gott sieht, dass man ihn auf der Erde nicht mehr schätzt, also beschließt er, die Menschen durch den Tod wieder an seine Macht zu erinnern.
Er befiehlt dem Tod, zu Jedermanns Haus zu gehen, an ihm ein Exempel zu statuieren und ihn vor das göttliche Gericht zu rufen. Der reiche Herr Jedermann führt nämlich ein ausschweifendes, prahlerisches Leben. Im Angesicht des Todes bereut er sein gottesfernes Leben und tut Buße. Als geläuterter Jedermann findet er nach seinem Tod Einlass in den Himmel.

Wieder Gott: *„Wo bist du, Tod, mein starker Bot? Tritt vor mich hin."*

Da kommt der Tod gekrochen.

*Auch eine tolle Rolle, sagt Simonischek.* Er hat nicht als Jedermann begonnen. Bevor er die Titelrolle übernahm, spielte er ab 1991 drei Jahre lang den Tod.

*Ich ging als Tod verkleidet im kühlen, leeren Dom umher, schaute mir die gläsernen Reliquienschreine unter den Seitenaltären an, um mich einzustimmen, und wartete, bis Helmuth Lohner draußen in der sengenden Hitze mein Stichwort krächzte. Dann ging ich los, tauchte aus dem kühlen Dunkel auf, legte ihm meine Hand aufs Herz und erlöste Jedermann von seiner Qual.*

Pause.

*Schade, dass ich den Tod nicht so gespielt hab, wie ich wirklich wollte. Jetzt würde ich ihn ganz so machen, wie ich das will. Ohne Druck. Anders. Da war der Regisseur, so viele Aufträge, aber jetzt ... jetzt würde ich das so spielen, dass der Regisseur und auch sonst niemand den Schnabel aufmacht.*

In der Geschichte des *Jedermann* gab es einige unvergessliche Tode. Stefan Skodler etwa und natürlich Attila Hörbiger, Simonischeks Favorit.

*Insofern war die Rolle des Tod im „Jedermann" ein gefundenes Fressen für mich.*

Jedenfalls bis die Titelrolle kam.

*Ich bin zu Peter Stein gegangen* (der von 1991 bis 1997 das Schauspiel bei den Salzburger Festspielen leitete, Anm.) *und hab gesagt, ich will den Jedermann spielen. „Waaas? Du willst den Jedermann spielen? Den Jedermann besetzt bei mir der Taxifahrer. Den frag ich, wen er sehen will. Der sagt, Götz George, und dann spielt der." Dann hat er gelacht und das wars damit. George hat den Jedermann dann nicht gespielt, es war der Burgtheaterstar Gert Voss. Nun gut, dann hat es eben noch ein paar Jährchen für mich gedauert.*

Bis 2002 genauer gesagt, dann hatte Simonischek die Titelrolle.

*Der Jedermann ist im Grunde ja eine sportliche Veranstaltung. Ich war stolz darauf, dass ich den Platz beherrsche. Dass ich die Präsenz habe, den Platz mit der Stimme mühelos zu füllen. Der Jedermann muss authentisch sein. Und es ist günstig, wenn man das Ganze nicht für Mumpitz hält. Es ist keine Voraussetzung, gläubig zu sein, aber zynisch sein und sich darüber lustig machen, muss man nicht.*

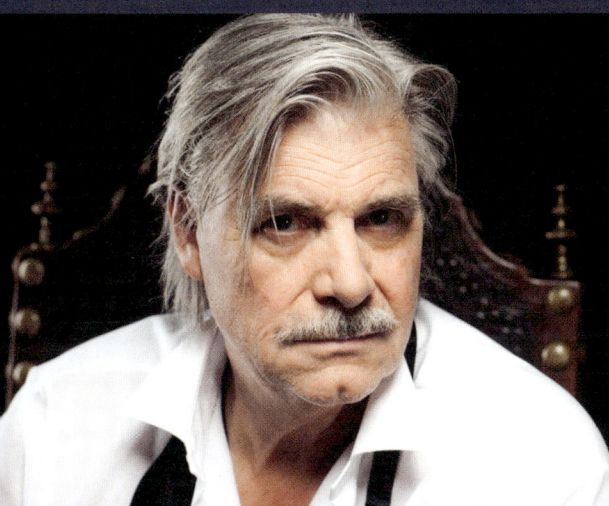

Links Buhlschaften:
01 Veronica Ferres, 2002–2004
02 Nina Hoss, 2005–2006
03 Marie Bäumer, 2007
04 Sophie von Kessel, 2008–2009

Rechts:
05 Gabriel Raab als Mammon, 2009
06 Abschied vom Jedermann, 2009
07 Tobias Moretti als Guter Gesell und Teufel, 2004

*Außerdem brauchst du für die Bühne eine handfeste Präsenz. In der Stimme, im Auftreten. Wenn du das nicht hast, spielst halt etwas anderes. Ich hab vor allem den Schluss gerne gespielt. Die Reue. Der Anfang ist weniger lustig, wenn Jedermann auf großen Motz macht und das Fest gibt. Den Großkotz raushängen ... Das ist auch irre anstrengend bei der Hitze auf dem Domplatz.*

An dem Tag, an dem wir über den Jedermann reden, geht es Simonischek nicht so gut. Er liegt auf der Couch, ab und zu nutzt er sein Sauerstoffgerät. Und dann ... beginnt er zu deklamieren und plötzlich ist das Zimmer ausgefüllt. Alles konzentriert sich auf seine Stimme, seine Worte.

In manchen Momenten und oft, wenn man nicht damit rechnet, zeigt der Schauspieler in ihm, dass er größer ist als der erkrankte Mensch.

Präsenz.

*Mein Gott, wer ruft da so nach mir? / Von wo werd ich gerufen so? / Des werd ich im Leben nimmer froh.*

*Jeeeeedermaaaaann ...*

*Die anderen hören alle nichts ...*

*Was ist das für ein Glockenläuten! / Mich dünkt es kann nichts guts bedeuten. / Der Schall ist laut und todesbang / Schafft mir im Herzen Qual und Drang. / Was läuten Glocken zu dieser Zeit?*

Toll!

Das ist auch etwas an Simonischek. Er kann sich immer wieder begeistern, wenn ihm etwas gefällt. Man findet vermutlich kaum einen Menschen, der den *Jedermann* öfter gesehen und gesprochen hat als er, und dennoch ist die Bewunderung für und die Freude über das Stück erneut da.

*Es ist ein theatralisches Kasperltheater – aber mit Ernte.*

Saulus-zu-Paulus-Geschichten faszinieren Simonischek generell. Geschichten, in denen sich Menschen komplett wandeln.

Glaubt er daran?

*Der aufgeklärte Spießer in mir glaubt nicht daran. Vielleicht, weil solche Wünsche zu oft vergeblich waren. Doch das Theater ist ein Ort, wo Wunder ihren festen Platz haben. Vorher und nachher frage ich mich vielleicht, wie soll das wirklich gehen, mit der Verwandlung. Aber währenddessen, da habe ich als Schauspieler keine andere Aufgabe als die innere Notwendigkeit, die Figur zu verstehen und zu verteidigen.*

Was ist der Mensch im Angesicht des Todes?
Darum geht es im *Jedermann*.
Der christliche Grundgedanke des Mysterienspiels.

Simonischek hat dem Spiel seinen Stempel aufgedrückt, er sagt, *es ist ein Nagel, den ich eingeschlagen habe.* Und jedes Jahr, wenn das Publikum wählen kann, was bei den ORF Siemens Festspielnächten, dem beliebten Public Viewing am Kapitelplatz neben dem Salzburger Dom, an alten Inszenierungen gezeigt werden soll – wenn der Jedermann drankommt, *ist es immer meiner. Ja, warum nicht? Es macht mich stolz.*

*Ich war nach meiner Meinung der letzte Jedermann, der das Ding ernst genommen hat. Was danach kam, waren bemühte Modernisierungen.*

Simonischek ist als Jedermann am Salzburger Domplatz hundert Mal gestorben.

Wie ist das: Sterben spielen?

Pause. Simonischek überlegt lange.

*Na ja. Der Jedermann stirbt ja nicht auf der Bühne. Er geht in den Dom, begleitet nur von seinen guten Werken. So ein kleines, verhutzeltes, halb verhungertes Mäuschen war das meistens, aber mehr gute Taten hat er eben nicht getan. Wenigstens geht er nicht alleine. Dann stirbt er drinnen. Er kommt wieder als Leichnam raus. Der Tod greift ihm aufs Herz und er fällt und liegt auf der Treppe. Er wird zu dem Sarg getragen, reingelegt, Deckel drauf, zugenagelt. Dann sind da Musik, Singen.*

*Und ich ... Zu dem Zeitpunkt saß ich unter dem Sarg, der natürlich keinen Boden hatte. Da war ein Hocker und da war ein gutes, frisches, kaltes, großes Glas mit Stiegl-Bier.*

*Und da saß ich da in meinem Tod.*
*Während sich oben alle noch die Tränen gewischt haben.*

Peter Simonischek in Salzburg
*Salzburger Festspiele, 2012*

1982 trat Peter Simonischek in Goethes „Torquato Tasso" erstmals bei den Salzburger Festspielen auf. Von der Gage kaufte er im steirischen Ziegenberg ein Häuschen. Am Bild der sogenannte „Tassokranz" sowie die Cyrano-Nase für Carlo Goldonis „Trilogie der Sommerfrische".

Schaubühne Berlin, 1994

*AM SCHLIMMSTEN SIND DIE PROFILNEUROSEN* der Kolleginnen und Kollegen. Die sich selbst im Weg sind. Man ist mit Leuten auf der Bühne, die nicht deine gewohnten Kollegen sind, die werden alle selektiv zusammengebracht. Tobias Moretti zum Beispiel. Ich komm auf die ersten Proben und da kommt unser Naturbursche, der den Guten Gesellen gespielt hat und den Teufel. Dass das schwierig wird, hab ich gleich auf der zweiten Probe entdeckt.

Simonischek macht eine Pause, dann imitiert er sich selbst als Bewunderer: „Ist das eine Moto Guzzi? Super! Gehört die dir?"
„Ja."
„Musst aber lang warten, oder?"
„Nein, ging gut."
„Super, schwarze Moto Guzzi!"

*Da hab ich also ein bissl geschaut und bewundert, das ist immer auch gut für die Stimmung ...*
*An dem Tag war die Gefahr groß, dass es hagelt, also wurde die Moto Guzzi auf die Bühne geschoben, direkt neben die große Tafel von der Festgesellschaft. Da wurde sie dann geparkt.*
*Zwei Tage später hat er eine feuerrote Moto Guzzi. Sag ich: „Hearst, wow!"*
Tiroler Akzent: *„Ja, is die von meiner Frau. Wenn ich mir eine kaufe, muss ich meiner Frau auch eine kaufen, so ist das bei uns, gell?"*
*„Aha. Wahnsinn, ist ja noch schöner."*

*Zwei Tage später denk ich mir, na ja, würd mir nicht schaden, die paar Kilometer zur Probe auch einmal mit dem Fahrrad zu fahren, nicht immer nur mit dem Auto. Also gehe ich zum KTM-Händler und frag ihn, ob er ein Fahrrad zum Ausborgen hat. „Ah", sagt der Händler, „des is gscheit. Der Teufel leiht sich eine Moto Guzzi und der Jedermann leiht sich ein Fahrrad."*

*Da hab ich gewusst, es wird ein anstrengender Sommer.*

―――――

IN EIN PAAR TAGEN hat Simonischek einen Termin bei seinem behandelnden Arzt. Sie werden die Ergebnisse durchbesprechen. Er überlegt, ob Brigitte mit zu dem Termin kommen soll.

Warum nicht?

*Ich weiß nicht, was der Arzt sagen wird.*

Will sie mitkommen?

*Ja, sie will schon. Aber wenn er nichts Gutes zu sagen hat …*

Blick zu mir.

*Ich brauch ihre Positivität so sehr. Ihre positive Kraft. Mehr als alles andere. Das darf ich ihr nicht nehmen.*

Brigitte Karner
Fotografie: Elena Zaucke, 2018

Brigitte Karner
Fotografie: Elena Zaucke, 2018

BRIGITTE KARNER ist Schauspielerin des Jahres 2022. Wenn man sie trifft, weiß man zwei Dinge gleich: Erstens, sie ist schön. Und zweitens, sie ist eine sehr starke Frau. In einem Interview sagte sie einmal, *ich wollte nie, dass jemand über mich bestimmt,* und das glaubt man ihr sofort. Sie strahlt einen unglaublichen Willen aus, eine große Energie. Sie ist keine Frau, die sich leicht zu etwas überreden lässt. Im Laufe ihrer Karriere lehnt sie viele verlockende Angebote ab, wenn sie nur die geringsten Zweifel hat.

Mit Peter Simonischek ist sie seit 1989 verheiratet, gemeinsam haben sie zwei Söhne, Benedikt und Kaspar. Max, den Sohn aus Simonischeks früherer Ehe, lernt sie kennen, als er drei Jahre alt ist. Wenn einen Menschen ein Unglück trifft, dann betrifft es den Ehepartner in ähnlichem Ausmaß. Es ist wie mit dem Glück. In einer Partnerschaft teilt man Freude wie Leid.

Für immer.

Brigitte Karner wurde 1957 in Völkermarkt in Kärnten geboren, sie absolvierte ihre Ausbildung an der Schauspielakademie Zürich, hatte Engagements am Schauspielhaus Zürich, am Stadttheater Basel, bei den Salzburger Festspielen, am Renaissance-Theater Berlin und an der Freien Volksbühne Berlin. Sie ist eine beliebte, bekannte und ausgezeichnete Schauspielerin.

Seit Juni 2022 ist sie vermehrt auch Blitzableiterin, Ansprechperson und unersetzliche Stütze.

Im Februar 2023 bin ich in Graz. Karner und Simonischek stehen gemeinsam auf der Bühne. Sie spielen die tragische Komödie *Liebe auf den letzten Metern* von Antoine Jaccoud. Es wird ihr letzter gemeinsamer Auftritt werden, nach fast vierzig gemeinsamen Jahren, in denen sie miteinander Bühne und Bett geteilt haben.

Die Bühne ist dunkel, nur zwei schmucklose Tische stehen nebeneinander, zwei Lampen darauf, die beiden Schauspieler sitzen da mit ihren Texten in der Hand. Und irgendwann sitzen dort immer noch Karner und Simonischek, aber man sieht sie nicht mehr.
Man sieht den Stier Furioso und die ausgediente Milchkuh Martha auf dem Weg zur Schlachtbank. Das kann gutes Schauspiel. Das ist Bühnenpräsenz.

Simonischek trägt einen roten Schal, Karner ein rotes Kleid. Manchmal sehen sie einander an, manchmal lachen sie miteinander und weil alles so verschwimmt, weiß man irgendwann nicht mehr, ob sie das jetzt sind oder ihre Rollen.

Die beiden gehen ihrem Tod entgegen und sie erzählen voneinander, sie tauschen Erfahrungen aus und entdecken Gemeinsamkeiten. Auf den letzten Metern bis zur Hinrichtung verlieben sie sich, trösten sich gegenseitig, sprechen einander Mut zu, sind liebevoll zueinander.

Als sie danach aufstehen und vor die Tische treten, scheint Simonischek leicht zu taumeln. Es fällt kaum auf. Aber Brigitte ist sofort neben ihm und nimmt seine Hand. Sie lässt sie nicht mehr los.

Lesung aus Daniel Glattauers „Gut gegen Nordwind"
Fotografiert von Claudia Rohrauer, 2015

Peter Simonischek als Torquato Tasso
Erster Auftritt bei den Salzburger Festspielen, 1982

IM HERBST 1956 ist Peter Simonischek zehn Jahre alt und kommt in das Konvikt St. Paul. Für die kommenden neun Jahre wird dieser Ort in Kärnten sein Zuhause. Manchmal hat man in den Gesprächen mit ihm das Gefühl, dass sich alles auf diese Jugend in Gymnasium und Konvikt konzentriert. Dass hier der Ursprung von allem liegt. Je nach Gespräch und Stimmungslage war es eine Zeit, die Simonischek hasst und verflucht und dann doch wieder liebt und ehrt.

*Erzogen haben wir uns selbst,* sagt er.

Simonischek hat sehr unterschiedliche Erinnerungen an diese Zeit. In dieser Enge des Internats war alles versammelt, Enttäuschungen, Ungerechtigkeiten und Unterdrückung auf der einen, Freude, Hoffnung, Gemeinschaftssinn und Freundschaft auf der anderen Seite.

*In St. Paul hab ich viel für mein gesamtes späteres Leben gelernt. Aber nicht unbedingt im Unterricht. Ich schöpfte noch viele Jahre meines Theaterlebens aus dem emotionalen Reservoir des Internats. Für praktisch alle Situationen im Leben und in meinen Rollen hatte ich eine entsprechende Erinnerung parat.*

Es sei damals die einzige Möglichkeit für ihn gewesen, die Matura zu machen. Sein Vater war in dem kleinen Ort Hartmannsdorf Zahnarzt, die steirische Hauptstadt Graz war 38 Kilometer entfernt.

*Es war wie ein Knast. Wir durften nicht raus, nichts durften wir.*

Pause.

*Es war trotzdem super. Der Zusammenhalt ... wir waren eine verschworene Gemeinschaft. Ich denke viel an diese Zeit, ja.*

Mit vielen seiner ehemaligen Kommilitonen hat er immer noch Kontakt, manche sind schon gestorben. Einer seiner Freunde ist Erich Marx, er kommt ihn regelmäßig besuchen.

Erich Marx erzählt: Der Peter war als Kind ja eigentlich bemitleidenswert. Kein guter Sportler, kein guter Schüler. Doch in einem Internat musst du irgendetwas leisten, damit du dort reüssieren kannst. Du musst eine Rolle finden, durch die du eine Position ausfüllst – sonst bist du dort der letzte Arsch. Und in dem Augenblick, als Peter im Schülertheater spielen durfte, da hatte er sie plötzlich. Allein die Madln, wie sie ihn auf einmal angeschaut haben! Peter war ja vorher in der Mädchenwelt völlig unbekannt. Und plötzlich hieß es nur noch andächtig: der Simse!! Hast du ihn gesehen? Na, also der Simse! Wow. Was für mich ja witzig ist, weil ich ihn ja so lange kenne, und es ist heute noch immer dasselbe: Ich kenne in meinem Umfeld genug Frauen, die ihn anhimmeln. Wo ich mich immer frage: Was habts ihr alle mit dem? Es ist mir unerklärlich (lacht). Jedenfalls, ab dem Moment, wo Peter das Theater für sich entdeckt hatte, ist er persönlich aufgeblüht.

Simonischek bleibt in seinen schulischen Leistungen hinter den Erwartungen des Vaters zurück, der Druck ist groß, bei schlechten Noten setzt es bei Besuchen Schläge. Seine Eltern kommen immer montags, wenn die Praxis geschlossen war. Normalerweise einmal im Monat, wenn es schlimm um die Leistungen stand, auch zweimal.

Andere Kinder freuen sich auf den Besuch der Eltern, nach vielen Tagen und Nächten allein so weit weg von zu Hause, Simonischek hat davor ausschließlich Angst. *Die Montage waren für mich das Schrecklichste. Es gab immer nur Ohrfeigen, Stress, Brüllerei.*

In der letzten Schulstunde am Montag hatte Simonischek Physik. Vom Physiksaal im zweiten Stock konnte man direkt auf die Einfahrt schauen, auf das schmiedeeiserne Tor dort. Die Schüler am Fenster machten sich einen Spaß daraus, auf die Einfahrt zu zeigen und ihm dann zuzuraunen: „Simse! Besuch!" Simonischek zuckt jedes Mal zusammen, auch wenn er weiß, dass es oft nicht die Wahrheit ist. Wie muss es sein, wenn man vor dem eigenen Vater eine solche Angst hat?

Viele der damaligen Lehrer waren Nazis, nur mangelhaft ausgebildet im Umgang mit jungen Lernenden, die Erziehungsmethoden hart, der Alltag straff geregelt. Simonischek wurde von manchen Lehrern regelrecht gemobbt.

1961 dann ein Hoffnungsschimmer. Sein Lieblingslehrer, der Zeichenprofessor Artur Hanzer, engagiert ihn 1961 zur Eröffnung des Konvikt-Festsaals für das Schauspiel *Barabbas*. Es wird Simonischeks erstes echtes Erfolgserlebnis.

Theater.

Sein Talent ist unübersehbar. Der nächste Leiter des Schülertheaters, Pater Bernhard Knapp, überträgt ihm in Thornton Wilders *Unsere kleine Stadt* die Hauptrolle.

*Abgesehen davon, dass mir das Theaterspielen große Freude machte, war es auch mit kleinen Freiheiten verbunden, man wurde da schon mal losgeschickt, um Leim oder Nägel zu kaufen, manchmal durfte man sogar nach Wolfsberg fahren und Plakate aus der Druckerei abholen. Jede Abwechslung war willkommen.*

„Das Problem war, dass Peter in so einem ambivalenten Verhältnis in St. Paul gelebt hat", sagt Erich Marx. „Einerseits sein Erfolg auf der Bühne und auf der anderen Seite Lehrer, die ihn wirklich gemobbt haben. Brutal. Der Philosophie-Professor, wie er sagt (verstellt seine Stimme): ,Simonischek, du Trottel, aus dir wird nie etwas.' So ging das damals. Wirkliche Schikane."

Simonischek quält sich durch die Schule, er bleibt sitzen, schafft mit Ach und Krach die Matura. Die Schulzeit die Hölle, die Freundschaften für immer.

Im März 2006 zeichnete der damalige Bundespräsident Heinz Fischer Simonischek mit dem Ehrentitel „Professor" aus. Er durfte sich den Laudator beim Festakt im Palais Niederösterreich in Wien aussuchen, und er wählte Erich Marx, seinen ehemaligen St. Pauler Klassensprecher.

Marx sagt: „Zum Abschluss meiner Laudatio konnte ich es mir nicht verkneifen zu sagen: Ich finde es äußerst schade, dass viele unserer Professoren aus dem Gymnasium St. Paul, die dir damals keine große Zukunft prophezeit hatten, schon verstorben sind und nicht mehr miterleben können, dass du jetzt denselben Titel trägst, wie sie einst: Professor."

Peter Simonischek im Februar 2023 bei der Berlinale
Berlin, 2023

Peter Simonischek und Veronica Ferres während der Probe zu „Jedermann"
Salzburger Festspiele, Juli 2002

BEVOR SIMONISCHEK IM SOMMER 2003 zum zweiten Mal den Jedermann spielt, nimmt sich sein Vater im Dezember vorher das Leben. Er kommt in unseren Gesprächen immer wieder vor, seine Dominanz, seine Strenge, sein Unverständnis. Und dann gleichzeitig ist es wie bei allen Menschen: Er bleibt der Papa. Da ist ein großer Wunsch nach Anerkennung, nach Respekt vorhanden. Viel Unausgesprochenes.

In den Monaten vor seinem Tod gab es heftige Diskussionen und Auseinandersetzungen, manchmal stritten sich Simonischek und sein Vater bereits morgens am Telefon eine Stunde lang, erzählt Simonischek. Je älter der Vater wurde, desto unbeweglicher auch, desto energischer und absoluter wurde sein Anspruch. In der Familie fürchtete man sich vor ihm, man wich ihm aus, er wurde immer einsamer und verbitterter.

Im Sommer 2002 gab Simonischek seine Premiere als Jedermann in Salzburg, seine Eltern waren dabei. *Bei der anschließenden Feier wirkte mein Vater hilflos. Er war wortkarg und abwesend. Er hatte nicht nur meinen Erfolg gesehen. Er hatte auch das Stück gesehen. Vom Sterben des reichen Mannes. Ich glaube, er saß da und dachte an sein Ende.*

Am 9. Dezember meldet sich Simonischeks Mutter am Nachmittag bei ihm. Ob er wisse, wo der Papa sei. „Nein, warum?" – „Ich kann ihn nicht erreichen. Er meldet sich nicht in Ziegenberg." Im steirischen Ziegenberg steht Simonischeks Häuschen, das er sich von seiner „Tasso"-Gage gekauft hat. Der Vater hat den Umbau geleitet. Meistens fuhr er nach dem Mittagessen hin und werkte dort ein bisschen. Rasen mähen, Vögel füttern, sich in der Mikrowelle Popcorn machen, lesen.

Simonischek fährt am Abend in das kleine Dorf, die Familie sitzt die ganze Nacht zusammen. *Wir tranken den Wein und aßen die Kekse, die er selbst am Vortag noch gekauft hatte, und versuchten uns damit Hoffnung zu machen. Wer kauft denn noch Kekse und zwei Flaschen Wein, wenn er sein Leben beenden will?*

Als es hell wird, beginnen Simonischek und seine Schwester mit der Suche. Sie finden ihn, im Wald, an seinen Hochsitz gelehnt, *er sah so kläglich aus, wie er da in seinem Ledermantel in dem winterlichen Wald lag. Es hat mich arg geschüttelt. Ein Gewaltakt ohnegleichen.*
*Er tat mir so unendlich leid. Ich fühlte das ganze Maß an Einsamkeit, das dieser Tat vorausging.*

Simonischek mit seinen Eltern
Steiermark

Deutscher Hörbuchpreis als bester Interpret für
„Der Meister des Jüngsten Tages" von Leo Perutz
Köln, 2008

DAS NÄCHSTE MAL SEHE ICH SIMONISCHEK IM KRANKEN-
HAUS. Ich verstehe ihn kaum. Die Stimme ist leise, heiser, sehr
brüchig. Simonischek liegt im Krankenhaus Floridsdorf, 21. Wiener
Gemeindebezirk, zweiter Stock, Lungenabteilung. Er hat sich einen
Infekt eingefangen und wurde stationär aufgenommen.

*Du kannst hierhinkommen zum Reden, ich werde mich erkundigen,
wann … keine Dramatik ….*
Schreibt er.

Wenig später ruft er an.

Er könne nicht so gut reden, ein Gespräch sei sehr schwierig. Kehl-
kopfentzündung. In Anbetracht dessen gehe es ihm gut.

*Ich schlafe sogar überraschend gut.*

Wenige Tage später sehe ich ihn und das erste Mal in Jogginghosen.
Simonischek ist immer gut angezogen, er achtet auf sein Äußeres.
Seine fast zwei Meter Körpergröße bewegt er sehr kontrolliert durch
den Raum.

Wie spielte es sich eigentlich mit einem solchen Körper, wie kontrolliert man ihn auf der Bühne?

*Ganz am Anfang hat ein Regisseur immer zu mir gesagt: Junge, Junge,
deine v0 ist zu gering! Deine Anfangsgeschwindigkeit. Bei Leuten, die
eher klein sind, wenn die losgehen, gehen sie vom Scheitel bis zur Sohle.*

*Wenn du mal so an die zwei Meter kommst, gehst du unten los und oben kommt es nach ... oder oben geht's los und unten kommt es nach. Man muss eine Sensibilität für die einzelnen Muskeln entwickeln. Darauf kommt es an. Auf das Zusammenspiel und die Möglichkeit, das zu lenken.*

Obwohl Simonischek so groß und stattlich gebaut ist, strahlt er nichts Autoritäres aus. Wobei er auch das kann. Auf der Bühne. Als kraftstrotzender Jedermann etwa. Persönlich ist Simonischek die Freundlichkeit in Person. Er ist höflich, nachdenklich, grundsympathisch.

Unverwundbar.

So hat er sich immer gefühlt.

Es gibt Menschen, die ihr Erfolg arrogant macht. Überheblich. Es sind meist die, bei denen zum richtigen Erfolg, zur souveränen Größe immer ein Stück fehlen wird. Simonischek ist selbstsicher, die vielen Erfolge haben ihn darin bestätigt. Er braucht keine Arroganz. Er ist sich sicher genug.

Unverwundbar. Unangreifbar.

Glück. Unglück.

Simonischek ist gewöhnt, dass die Dinge zumindest meistens so laufen, wie er das möchte. Davon geht er aus. Auf dieser Basis kann er sich Großzügigkeit und Freundlichkeit gut leisten.

Einige Tage nach seinem Krankenhausaufenthalt fährt er mit seiner Frau Brigitte in das Hotel Ronacher nach Bad Kleinkirchheim in Kärnten. Ich bin mit den beiden Abendessen und das ist wirklich eine Freude, sie sind klug und witzig, sie nehmen sich kein Blatt vor den Mund, auch nicht im gegenseitigen Aufziehen.

Es sind schöne Tage, wie Simonischek mir sagt. So schöne Tage mit seiner Frau, die er noch erleben darf, nachdem er seiner Krankheit wegen nicht mehr daran geglaubt hat.

Während des Essens kommen immer wieder Menschen an den Tisch, sie wollen Hallo sagen, eine kurze Anekdote erzählen, über einen Film, den sie gesehen haben, ein Stück, das sie sich angeschaut haben. Simonischek und Karner bleiben immer freundlich, zugewandt, sehr professionell. Ein Mann kommt an den Tisch. Er sagt, er wolle ihnen gerne jemanden vorstellen, sie würde sich so freuen, den beiden die Hand zu schütteln. Die Frau neben ihm ist Ursula Plassnik, Österreichs ehemalige Außenministerin.

„Ich hab geglaubt, ich bin unverwundbar. Ich hab es nicht gesehen. Garantiert war ich zu wenig nett zu mir."

Peter Simonischek

SIMONISCHEK TRÄGT einen blitzblauen Kaschmirpullover und eine knallrote Wollmütze, Sonnenbrille. Linkerhand liegt das Thermenhotel Ronacher, um uns herum erheben sich die Nockberge. Es ist Ende März 2023, wir sind auf 1200 Meter Höhe, das Atmen fällt Simonischek manchmal schwer. Es ist wichtig, dass er sich bewegt und Sauerstoff in den Körper pumpt.

Idylle. Wir sitzen auf einer Bank mit Panoramablick. Die Sonne scheint, in der Ferne sehen wir Schnee, buntgekleidete Skifahrer wedeln die Pisten hinunter. Es ist sehr ruhig. Neben uns steht an einem Berghang eine kleine spätgotische Kirche, die Filialkirche St. Katharina im Bade. Sie wurde auf einer Heilquelle errichtet, das Wasser wird in einem gewölbten Raum unter der Kirche aufgefangen. Wir setzen uns hinein, ein so dickes Gemäuer, dass man drinnen nicht hört, wenn draußen die Glocken schlagen. Man hört überhaupt nicht viel, zu laut ist das Plätschern der Quelle. Vor uns ein Altar, die Menschen haben viele Bilder draufgestellt.

Wir zünden eine Kerze an. Ich denke an verstorbene Menschen meiner Familie. Ich weiß nicht, an wen Simonischek denkt. Er sagt es nicht.

Simonischek war Ministrant. Das hat er gerne gemacht. Also dann, wenn es etwas zu tun gab. *Die Regel war: Links is fad, rechts darfst bimmeln.*

*Als Ministrant hab ich auch meine ersten Toten gesehen. Dabei war der Tod für mich immer so weit weg. Vielleicht hab ich mal darüber nachgedacht, dass meinen Eltern was passieren könnte. Aber mir? Nein. Die Toten, die ich gesehen habe, hab ich aber auch nicht vergessen. Zu eindrucksvoll.*

Pause.

*Gruselig.*

Pause.

*Bei meinem Opa … Der lag in der Aufbahrungshalle, das war ein offener Sarg. Er hatte Zellophan über dem Gesicht und darunter war eine Fliege. Eine Fliege ist beim Mund reingekrabbelt – und bei der Nase raus. Wahrscheinlich war es nicht dieselbe* (lacht). *Viele Jahre später habe ich mal eine Leiche gespielt … In der Verfilmung des Romans „Erfolg" von Lion Feuchtwanger. Eine Leiche ist schwierig darzustellen, damit es nicht nur so wirkt, als würde ein Mensch einfach still daliegen. Ich habe Folgendes gemacht: Eine Fliege gefangen und in den Kühlschrank gegeben. Wenn ich gedreht hab, hab ich sie in eine Streichholzschachtel und beim Drehort dann in den Kühlschrank gelegt. Und kurz vor meiner Szene hab ich mir die Fliege auf meine Wange gesetzt. Durch die Wärme der Haut wurde sie wieder lebendig und ist auf meinem Gesicht herumgekrabbelt. Als ich den Film gesehen hab, war ich richtig stolz darauf. Das war der Unterschied, ob man einen Toten „spielt" oder ob man ihn darstellt, während eine Fliege auf ihm rumklettert.*

*Hab ich meinem Opa zu verdanken, die Idee.*

Betest du eigentlich?

*Ja … in Kinderschuhen …*

*Vater Unser, Gegrüßet seist Du Maria …*

*Ich kann auch sagen: „Herr, hilf mir aus meiner Not!" – aber wer Er ist?*

*Was soll ich sagen? Bitte, lass das gut ausgehen! Doch nur in der Not? Es scheint mir unehrlich zu sein.*

Du bist aber doch gläubig?

*Jämmerlich! Gläubig, wie der Ministrant war. Faul in meinem Glauben.*

Dieser Tage quält sich Simonischek vor allem mit Unerledigtem. Er sieht nur ungelöste Probleme, die sich auch nicht lösen lassen, weil ihm die Kraft dafür fehlt.

Hast du dich im Leben gut um dich gekümmert?

*Katastrophe! Wie ich mich um mich gekümmert habe … Gar nicht! Ich spür jetzt noch, dass mir das nicht möglich war. Ständig war ich missmutig, die Kinder haben mir schon T-Shirts gekauft, wo etwas mit „Ärger …" draufstand. Dabei, nach außen: Wo ich auch hinkam, hatte ich immer die Gabe, die Dinge mit Humor zu regeln. Da haben sie mich zur Probe zurückgeholt, wenn dicke Luft war …*

*Wo hab ich das alles nur hinrutschen lassen?*

*Ich hab geglaubt, ich bin unverwundbar. Ich hab es nicht gesehen. Garantiert war ich zu wenig nett zu mir.*

Bist du es jetzt?

*Warum? Das wär ein Wunder. Aber jetzt kann ich besser loslassen.*

*Ich hab dafür gelebt, meinem Vater zu beweisen, dass ich tüchtig bin. Ich habe nicht mein Leben gelebt, sondern im Auftrag von Internat, vom*

*Vater, den Regisseuren, der Institution Theater, den einzelnen Produktionen, vom Erfolgsdruck gelebt. Vielleicht kann man diesen Beruf aus einer Tradition heraus auch nur unter autoritärem Druck ausüben. Theater sind so konstruiert gewesen.*

*Und heute? Befürchte ich, dass ich an meinem ganzen Leben vorbeigelebt habe.*

Schauspieler müssen Held und Diener zugleich sein. Es ist eine schwierige Gratwanderung. Sie glänzen auf der Bühne, sind Projektionsfläche für Fantasie, Erwartung, Sehnsucht und Wünsche des Publikums. Sie werden verehrt und geliebt, in den Himmel gehoben und wieder fallen gelassen, wenn sie den Erwartungen nicht gerecht werden. Und sie sind gleichzeitig Dienstleister. Sie machen, was der Regisseur sagt, was das Stück vorschreibt, was das Publikum erwartet.

*Ich hab im Auftrag anderer an so viel in meinem Leben vorbeigelebt. Mein Kamin ist voll mit Preisen ... und ich könnte heulen. Deshalb hat mich am Ende auch die Freude verlassen.*

*Lebt das Leben nach euren Bedingungen!*

Wie hätte ein anderes Leben denn aussehen können?

*Diese Frage werde ich in diesem Leben nicht beantwortet kriegen. Vielleicht gar nicht als Schauspieler. Die Schauspielerei war eine Flucht, weg aus der Abhängigkeit von zu Hause. Die Flucht hab ich gemacht, weil ich das nicht ausgehalten habe. Und ich war von Anfang an sehr erfolgreich. Weil ich talentiert war. Weil ich Leidenschaft hatte. Ich hab zu selten Nein gesagt. Ich hab mir die besten Regisseure ausgesucht, und dann hab ich mich ihnen gebeugt. Aus Überzeugung, aus Begeisterung. Das schon.*

Memorabilia
In Simonischeks Wohnung, Wien 2023

Peter Simonischek im Film „Crescendo"
Menemsha Films, 2019

MANCHE FRAGEN SIND SO WICHTIG und ihre Antworten so veränderbar, dass man sie mehrmals stellen muss. Eine jedenfalls stelle ich Simonischek jedes Mal, wenn wir einander sehen. Die Antworten variieren.

Die Frage ist: Worum geht's im Leben, Peter?

*Das ist die Frage ... Was antwortet man darauf? Das, was man selbst erfahren hat. Oder das, was man schon zwanzigtausendmal gehört hat.*

Pause.

*Sich selbst zu finden ist zu hundert Prozent richtig. Nur, was es genau heißt ... ist wieder ein anderes Kapitel. Zu lernen, sagt Brigitte. Das ist nicht weit entfernt davon. Schwer. Das Ganze hier ist ein Riesenexperiment. Das Universum. Und wir sind ein Teil. Es ist ein ewiger Kreislauf.*

Ist das tröstlich?

*Nein!* (Entrüstet.) *Also tröstlich finde ich das nicht. Weil ich es ja nicht verstehe. Man weiß nicht, in welchem Kontext man in diesem Experiment steckt. Man kann sich nur an dem messen, was uns zur Verfügung steht. Handle so, dass deine Maxime zu einem allgemeinen Gesetz werden kann* (zitiert den deutschen Philosophen Immanuel Kant) .... *Das orientiert sich an den Mitmenschen. Etwas anderes haben wir nicht.*

Dein Leben, trotz allem, ist doch aber ein sehr erfolgreiches. Du hast viel gesehen und gemacht, woran andere nicht einmal denken können.

*Ja, ich hab viel Glück gehabt. Viel erreicht. Jetzt könnte ich sagen: Und? Was habe ich davon? Das ist das Fatale. Weil ich den Moment verpasst habe, wo ich ... ich konnte mich nicht mehr freuen ... ich hab zu spät auf mich gehört. Auf mich geachtet.*

*Ich hab mich zu spät ernst genommen.*

Was ist dir eigentlich dieses Glück, von dem du redest?

*Na, von dem, was in meinem Leben alle für Glück halten. Auch ich. All die Preise, die Anerkennung, Nominierung für den Oscar ... Immer, wenn ich dachte, ich würde gerne mal wieder einen richtig guten Film machen, rrring rrring, schon war das Angebot da. Im Frühjahr, wenn Preissaison war, bin ich oft Skifahren gewesen und hab mir schon gedacht, wenn ich mit der Seilbahn hochfahr, lass ich das Handy lieber an, ich krieg sicher wieder einen Preis ... Und es hat funktioniert! Grimme-Preis eins, zwei, drei ...*
*Das mein ich mit Glück.*

*Aber auch wenn man noch so viel Glück im Leben hat, kann man daran vorbeileben. Hab ich das überhaupt jemals als Glück empfunden? Tu ich es jetzt?*

*Eher hab ich mich manchmal geniert, dass ich keine inneren Luftsprünge gemacht hab, wenn sich alle gefreut haben.*

SIMONISCHEK UND SEINE FRAU schauen gerade die Serie *Madame Secretary*. Eine US-amerikanische Fernsehserie, die sich um die US-Außenministerin Elizabeth Adams McCord dreht. Sie hat hundertzwanzig Episoden, das findet Simonischek unglaublich.

*Wir schauen auf der Couch, dann tut mir der Hintern weh und wir gehen ins Bett – und schauen dann am iPad weiter.*

Er kann nicht aufhören, weiterzuschauen, und gleichzeitig ist ihm die Serie zu lang. Es ist lustig zu sehen, wie der Burgschauspieler das Prinzip des Binge Watching entdeckt.

PETER SIMONISCHEK KEHRT 1999 ZURÜCK in seine Heimat, das war damals ein Kulturereignis. Der große Sohn des Landes folgt dem Ruf des Wiener Burgtheaters. Und doch war es nicht so eindimensional. Heute ist das Burgtheater nach den Salzburger Festspielen mit der Rolle des Jedermann wohl jener Ort, mit dem ihn die Öffentlichkeit am meisten verbindet. Doch vor seinem Wechsel nach Wien war Simonischek ganze zwanzig Jahre lang an der Schaubühne in Berlin, und das war die Zeit, die ihn schauspielerisch mehr geprägt hat als alles andere. Wenn es eine Basis gibt für all das, was Peter Simonischek als Schauspieler ausgemacht hat, dann war es die Schaubühne. *Dort ging es mir gut,* sagt er. *Es entsprach meinem Bedürfnis nach Geborgenheit, und das in dieser Qualität.*

Die Schaubühne der siebziger Jahre umwehte der Hauch einer Legende. Da war diese Gruppe junger Theatermacher und Schauspielerinnen, die dem deutschen Stadttheater eine neue Form gegenüberstellen wollten.

Die Schaubühne als Zentrale einer Theaterrevolution.

Es gab keinen festen Regisseur, keine feste Dramaturgie, aber eine Vollversammlung. Jede und jeder durfte mitreden, egal ob Techniker oder Dramaturgin, das Kollektiv stimmte über alles ab. Auch etwa welches Stück zur Vorführung kam. Wenn man sich auf ein Stück geeinigt hatte, dann wurde es erarbeitet, von Grund auf. An Shakespeares Komödie *Wie es euch gefällt* wurde ein Jahr lang gearbeitet, die Schauspieler lernten Fertigkeiten, die Schauspieler zu Shakespeares Zeiten

Peter Simonischek und Michael König in „Nicht Fisch nicht Fleisch"
Schaubühne Berlin, 1981

„Die Zeit und das Zimmer", Regie: Luc Bondy
Schaubühne Berlin, 1989

beherrscht hatten, wie Jonglieren, Feuerspeien. Alles musste zu der Shakespearschen Welt passen. Die Schauspieler tauchten darin ein, erlebten sie.

Alles an der Schaubühne war kollektives Theater. Der tägliche Alltag war Theater. Die dort Tätigen waren miteinander befreundet, es herrschte ein großer Respekt voreinander und vor der gemeinsamen Arbeit.

Ab 1979 gehört Simonischek dem Ensemble der Berliner Schaubühne an. Er beginnt unter der Theaterlegende Peter Stein, der dort bis 1985 Künstlerischer Leiter war. Dann folgen Klaus-Michael Grüber, Robert Wilson, Luc Bondy und Andrea Breth.

Etwa ab 1999 erfindet sich die Schaubühne unter der Leitung einer Gruppe junger Theatermacher dann künstlerisch komplett neu, Simonischek sieht seinen Platz dort immer weniger. Es öffnet ihm die Möglichkeit, das Angebot des Burgtheaters anzunehmen. *Davor hätte ich das nie erwogen, von einem Ort wegzugehen, an dem ich genau so arbeiten konnte, wie ich es mir gewünscht habe,* sagt Simonischek.

Schon zuvor war ein Wechsel zurück nach Österreich gar nicht sein Plan gewesen. Eher hätte er sich am Schauspielhaus Bochum gesehen, beim größten Kontrahenten der Schaubühne, bei Theaterlegende und Regisseur Peter Zadek.

Zadek, ab 1990 an nahezu allen bedeutenden deutschsprachigen Bühnen als freier Regisseur tätig, polarisierte wie kaum ein anderer, seine unkonventionellen Inszenierungen empörten und begeisterten Publikum und Kritik.

Simonischek sucht sein Handy, tippt darauf herum. Eine Stimme ertönt. Klaus Pohl. *Sein oder Nichtsein*. Es sind Pohls Erinnerungen an Peter Zadeks legendäre *Hamlet*-Inszenierung. Das Hörspiel, eine ungekürzte Autorenlesung.

*Da hast du die ganze Theaterepoche der achtziger Jahre so was von griffig,* sagt Simonischek fasziniert. *Da ist alles drinnen.*

Das große Geheimnis ist ja: Wie entsteht ein Kunstwerk?

Dem versucht Pohl mit seinem Buch, 2021 erschienen, auf die Spur zu kommen. In *Sein oder Nichtsein* schreibt er über die Entstehung eines wirklich großen Kunstwerks, nämlich der *Hamlet*-Inszenierung, die Zadek 1999 bei den Wiener Festwochen aufführte. Angela Winkler, die Simonischek sehr schätzt, spielte damals den Hamlet. Pohl in der Rolle des Horatio selbst Teil der Inszenierung, ist monatelang bei den Proben dabei. Er beschreibt Kämpfe, Wut und Hingabe, Tragödien und Komödien, es ist ein Buch über den Wahnsinn der Bühne genauso wie die Liebe zu ihr. Ein Roman der gelebten Theatergeschichte, über große Kunst und die Menschen, die sie machen. Simonischek liebt dieses Buch.

Er mag es, wenn es auf der Bühne etwas anarchistisch zugeht. *Was man lernen muss, sind die Inhalte viel mehr als den Text,* sagt er. *Wenn du den Text wie Wasser kannst, spielst du auf den Proben freier. Das mag ich. Auch gerne bei meinen Partnern. Da muss man inhaltlich voll dran sein und genau zuhören, damit man jederzeit bereit ist. Da ist man voll drinnen. Und ich variiere auch gerne. Die Situation ist manchmal lebendiger als der Text, und da steige ich auch darauf ein.*

Mit Nicholas Ofczarek in „Das Leben ein Traum"
Burgtheater Wien, 2009

„*Letztlich geht es um die Kunst,
sich ganz leer zu machen.*"

Peter Simonischek

Man merkt es dem Schauspieler Simonischek immer an, egal ob auf der Bühne oder vor der Kamera: Er ist ein Improvisationstalent, er lebt seine Rolle. *Ich bin froh, wenn etwas Unvorhergesehenes passiert. Und ich ziehe Freude und Genuss aus dem Zusammenspiel mit anderen,* das sagt er öfter. *Der größte Schatz des Burgtheaters sind die Schauspieler. Das ist wie beim Tennis: Wenn du gegen gute Leute spielst, spielst du besser. Die Qualität meiner Arbeit ist immer auch vom Zusammenspiel mit den Kollegen abhängig.*

Als er an die Burg kommt, ist er seit knapp dreißig Jahren Schauspieler. Er hat vieles gespielt, vieles ausprobiert, doch es zeichnet ihn etwas aus, was er sich bis heute erhalten hat: Neugierde.

*Ich stehe für das meiste zur Verfügung, auch für Neues und Ungewohntes. Es gilt aber auch der flapsige Spruch: Wer für alles offen ist, ist nicht ganz dicht. Also gibt es schon auch Projekte, bei denen ich nicht dabei sein will.*

Absicht und Absichtslosigkeit.

*Ich bin ein Sucher, kein Macher,* sagt Simonischek. Er könne nach all den Jahren, all den Erfolgen heute leicht zu sich selbst sagen, *ich hab eh schon alles gemacht und alles bestanden. Stattdessen nehme ich Umwege auf mich, Unsicherheiten und ein An-mir-Zweifeln.*

Was hat dir in einer Krise geholfen, Peter?

*Ralf Schermuly, ein von mir sehr geschätzter Kollege, hat mir einmal das Lehrbuch eines australischen Tennislehrers empfohlen: „The Inner Game of Tennis" von Timothy Gallwey, das er immer dann lese, wenn sich der*

*Blick fürs Wesentliche trübt. Ich fand das Buch unter dem Titel „Tennis und Psyche" und es stellt Fragen wie: Wie reagiert Psyche auf einen verschlagenen Ball? Wie erreiche ich die Gelassenheit und die Konzentration im Kopf, die zum Siegen notwendig ist? Wie schaffe ich es, mich vor lauter Es-richtig-machen-Wollen nicht nur zu verkrampfen – und wie löse ich diesen Krampf?*

*Letztlich geht es um die Kunst, sich ganz leer zu machen.*

Und wieder: Absicht und Absichtslosigkeit.

Es gibt eine Tradition im Haus Simonischek, die schon zu Zeiten der Schaubühne entsteht und ans Burgtheater mitgenommen wird, nämlich dass zu Beginn einer Produktion das Ensemble eingeladen wird: Zum gemeinsamen Essen, zum Kennenlernen. *Das war irgendwie fast ein Markenzeichen: Wenn ich dabei bin, wird erst einmal zu Hause getafelt, sich kennengelernt und ein bisschen etwas getrunken, und dann geht man gemeinsam an die Arbeit. Die Probe danach? Ist eine ganz andere.*

Nach Simonischeks Tod sagt die ehemalige Regisseurin der Schaubühne, Andrea Breth, in Erinnerung an ihn: „Simonischek war ein großer Melancholiker und Zweifler, immer unsicher, ob das, was er ausprobiert, wirklich genügt. Auch in seinen komischen Rollen war er ein Tiefenforscher."

Peter Simonischek als Friedrich Hofreiter in „Das weite Land"
Burgtheater Wien, 2011

Peter Simonischek als Mendel Singer in „Hiob"
Burgtheater Wien, 2019

IN DER TRAGISCHEN SITUATION, in der sich Simonischek gerade befindet, ist das vielleicht schwer zu glauben, aber der Mann hat Humor. Den erhält er sich auch bis zuletzt. Humor ist ihm ungemein wichtig. Simonischek erzählt gerne Witze. Die reichen von tiefschwarz und sarkastisch bis zu weitergeleiteten Fotos auf WhatsApp, deren Witz man bestenfalls als flach bezeichnen kann. *Ich bin einer der wenigen Begnadeten, die sich selber einen Witz erzählen und sich scheckig lachen können. Das funktioniert.*

Witz.

*Darüber kannst ruhig ein eigenes Kapitel schreiben,* sagt er zu mir. *Der Witz spielt in meinem Leben eine wirklich wichtige Rolle. Die ich jahrelang verleugnen und unterdrücken musste.*

An der Schaubühne in Berlin war es verpönt, Witze zu erzählen, das habe zu wenig Anspruch.

Dabei haben Witze, wenn sie gut sind, in sich viele theatralische Momente. Einen Aufbau, eine Dramatik, eine Wendung. Das Witzeerzählen ist wie ein Stück Alltagstheater, mit dem wir uns auf kleiner Bühne exponieren.

Theater.

Es ist wie mit dem Foto, auf dem der Tod schon hinter dem Jedermann Attila Hörbiger steht und das Simonischek liebt: Die Spannung, die vorhanden ist, die Begegnung mit dem Schrecken.

Für Simonischek bilden Witze oft eine Verbindung mit bestimmten Personen. Manche Witze haben Menschen gerne erzählt, die schon tot sind oder zu denen der Kontakt schon lange abgebrochen ist, doch durch den Witz leben sie für Simonischek weiter.

*In Griechenland etwa, da gab es die Ute, die ging vormittags immer von Haus zu Haus, hat überall eine Zigarette geraucht, weil sie zu Hause nicht durfte, sich hingesetzt und Pause gemacht. Und ab und zu hat sie einen Witz erzählt,* sagt Simonischek.

Diesen etwa:

Treffen einander zwei Freunde, sagt der eine: „Wir haben uns aber lang nicht gesehen. Wie geht's?" Sagt der andere: „Ja, es geht eh wieder."
„Wieso, was war denn?"
„Na, weißt eh, der Onkel Willi ist gestorben. Den haben wir eingegraben."
„Oh je! Was? Den Onkel Willi? Na, wie denn des?"
„Du, bei der Taufe is es gewesen. Die Tante Luise hot ja noch ein Kleines gekriegt und als sie das Fest gefeiert haben, bei der Taufe, der Willi hat Ziehharmonika gespielt, Witze erzählt, a Mordsgaudi. Die Leit sin net nach Hause gegangen. Da sagt die Mutti zum Willi, sei so gut, geh in den Keller runter, nimm das Körberl und bring ein paar Erdäpfel rauf, sonst gfuig ma net (sonst haben wir nicht genug zu essen, Anm.). Und der Willi, weißt es eh, von dem hast alles haben können, eine Seele von einem Menschen. Stellt die Ziehharmonika weg, geht in den Keller, nimmt das Körberl, klaubt die Erdäpfel ein. Und wie er zurück raufgeht, auf der halben Stiege, mocht er an Jauchzer, greift sich aufs Herz, fliegt zurück über die Stiegen, die Erdäpfel sind nur so geflogen … Und aus war's."

„Jo, mein Gott! Und des bei der Tauf! Was habt's denn dann gemacht??"
„Na, an Reis."


Einer von Simonischeks Lieblingswitzen:

Ein Vertreter kommt an einem heißen Nachmittag mit seinem Hyundai auf einen Hof, bleibt stehen, hupt zweimal, steigt aus: „Ist da wer?" Geht zur Haustür, probiert, zugesperrt. Geht wieder zum Auto, will gerade einsteigen, kommt der kleine Seppi aus dem Schuppen.
„Sie, Herr, was wollen'S denn?"
„Ist wer zu Hause bei dir?"
„Nein, die Mama is am Acker draußen, Erdäpfel heindln. Der Tatti ist im Saustall unten, Sau füttern."
„Wo isn der Saustall?"
„Da, sehen sie'S eh. Hinter den Bäumen, das Dach."
„Ah, des ist der Saustall?"
„Ja."
„Und dort ist der Tatti?"
„Jo. Gehen'S nur rein, Sie sehen ihn eh gleich."
„Danke schön."
„Sie, Herr?"
„Jo."
„An Huat hot er auf."

Der Witz ist immer lustiger, wenn Simonischek ihn erzählt. Dann gibt es die Mimik, Gestik und den entsprechenden Dialekt mit dazu. Es macht ihm jedenfalls sichtlich Spaß, einen Witz zu erzählen, und er beobachtet einen dabei ganz scharf – ob man die Pointe auch nicht verpasst und wie gut der Witz ankommt. Lacht man nicht oder zu wenig, gibt er sich selbst die Schuld. Dann überlegt er, wie er den Witz anders hätte erzählen können. Ein paar Tage später probiert er es dann mit demselben Witz wieder. Die Nummer muss passen.

Warum ist Witz wichtig für dich?

*Bei der Gedenkfeier von Luc Bondy, mit dem ich immer wieder gearbeitet habe, hat der Schauspieler Klaus Pohl eine Viertelstunde lang Witze erzählt.*

Wieso fällt dir das jetzt ein?

*Weil kaum etwas mehr über einen Menschen erzählt, als dass er über Witze lachen konnte. Über welche Witze er lachen konnte und dass man wusste, er wird nichts dagegen haben, wenn auf seiner Beerdigung gute Witze erzählt werden. Besser als all das salbungsvolle Gerede. Es gab auch ganz tolle Reden. Und eben die Witze. Das Publikum hat gebrüllt vor Lachen und an den Luc gedacht.*

Wer mit Simonischek redet, merkt ziemlich schnell, dass er für alles ein Stück, einen Menschen, eine Geschichte, einen Aufsatz hat. Er merkt sich die Dinge über solche Querverweise und er merkt sich wirklich viel. Manchmal erwähne ich nebenbei etwas, ein kleines Detail, er weiß es Monate später immer noch.

Schauspieler.

Und Geschichten erzählt er sowieso gerne, schon seit er ein Kind war.

*„Ich bin einer der wenigen
Begnadeten, die sich selber einen
Witz erzählen und sich scheckig
lachen können. Das funktioniert."*

Peter Simonischek

Mit dem künstlichen Gebiss aus „Toni Erdmann"
In Simonischeks Wohnung in Wien, 2021

*ICH LIEBE SO EINEN GRUSEL. Gruselgeschichten. Schon als meine Schwester klein war, hab ich das geliebt.*

*Meine Eltern hockten abends immer vor der Glotze und haben gesagt: Peter, bring deine Schwester ins Bett. Dann hab ich ihr immer Geschichten erzählen müssen, und das hab ich auch ganz gern gemacht. Vielleicht nicht immer die, die sie hören wollte.*

*Wir hatten in Hartmannsdorf einen bekannten Alkoholiker, den Herrn Wieser. Der ist gestorben und von unserem Haus aus hat man das Totenkammerl gesehen. Da war ein Steintisch drinnen und da waren Tragen drinnen und Sachen fürs Begräbnis. Es gab keine Aufbahrungshalle, die Leute wurde damals noch zu Hause aufgebahrt.*

*Ich hab meiner Schwester gesagt: Da unten in dem Kammerl, da liegt der tote Wieser! Der Seppi, du weißt schon, wo die Mama so krank ist, hat von ihr die letzten fünf Schilling gekriegt, und sie hat zu ihm gesagt, geh runter zum Thaler, dort holst mir eine gute Leber. Und der Seppi ist gegangen und hatte diese fünf Schilling. Aber als Erstes ist er zum Mayer gegangen, zum Zuckerlautomaten, und hat die Schilling reingeschmissen, seinen Freunden hat er die Zuckerl gegeben, und auf einmal war das Geld weg. Da hat er sich nicht heimgetraut, freilich. Ohne Leber.*

*Da kommt er beim Totenkammerl vorbei und sieht den toten Wieser drinnen liegen, aufgeschnitten. Er hat geschaut, die Tür war offen, also ist er rein. Er hat sein Taschenfeitel rausgenommen und beim Wieser die Leber rausgeschnitten. Die war ganz groß!*

*Er hat sie eingepackt und ist damit nach Hause gegangen und die Mama hat sich so gefreut und sie alle haben die Leber gegessen. Sie waren froh und glücklich und dann sind sie schlafen gegangen. Und kaum haben sie das Licht ausgeschaltet, hört er Schritte vorm Haus. Dann hört er, wie unten die Tür aufgeht, und dann geht wer die Stiegen rauf – und auf einmal hört er wen reden und der sagt: Wo is mei Leber? Wo is mei Leber? Und dann geht die Schlafzimmertür auf und er sagt: Wo is mei Leber??*

Es ist vielleicht nicht so einfach vorstellbar, dass man sich tatsächlich gruselt, am helllichten Tag in einer freundlichen Wohnung mitten in Wien, nur weil einem jemand eine Geschichte erzählt. Aber man tut es. Wenn Simonischek als Seppi Wieser seine Leber sucht und die Stimme immer lauter wird und gleichzeitig immer heiserer, nimmt man ihm den toten Wieser ab. Simonischek hat eine großartige Stimme.

Vielleicht ist hier ein guter Zeitpunkt, um einmal darüber zu schreiben. Seine Stimme kann einen erschrecken oder umschmeicheln, sie kann hart werden oder unsicher-brüchig. Manchmal passiert es ihm, meist ist es Absicht. Wobei, vielleicht passiert es ihm ja nie. Vielleicht ist es immer Absicht.

Jedenfalls ist da manchmal nur diese Nuance Unterschied, die darüber entscheidet, ob man sich in einer Erzählung wohl fühlt oder unwohl. Es überrascht nicht, dass Simonischek auch als Sprecher zahlreicher Hörspiel- und Hörbuchproduktionen mehr als erfolgreich war. 2008 erhielt er den Deutschen Hörbuchpreis als bester Interpret für *Der Meister des Jüngsten Tages* von Leo Perutz.

Die Stimme ist eines der wertvollsten Instrumente für einen Schauspieler. Es gilt, mit ihr eine Bühne zu beherrschen, und zwar nicht nur, wenn man laut ist, sondern auch, wenn man flüstert. Das abrupte

Schreien, das Flüstern, das unversöhnliche Zischen, das freundliche Plaudern, alles muss verständlich bleiben. Über die Stimme müssen Gefühle, Zwischentöne transportiert werden. Simonischek kann mir den selben Satz immer wieder vorsagen und je nachdem, wie er seine Stimme einsetzt, ist er angenehm, erschreckend, gruselig oder lustig.

Es ist nicht überraschend, dass die Geschichte vom Wieser folgendermaßen weitergeht:

*Meine Schwester* (Simonischek beginnt laut zu lachen) *ist aufgesprungen! Senkrecht im Bett stand die!* (Lacht.) *Dann ist sie runtergerannt zu den Fernseheltern und hat geweint: Der Peter, der erzählt mir so blöde Märchen!! Ich fürcht mich so!*

*Du Trottel, du Blöder, das Kind kann ein Trauma fürs Leben kriegen! Patsch, Patsch, rechts und links gabs schon eine Watschen. Mein Vater hat mich immer gleich geschlagen.*

**SIMONISCHEK IST MIT** *MADAME SECRETARY* **FERTIG.** Er und seine Frau schauen jetzt die britische Historienserie *Downton Abbey*. Er ist fasziniert.

Wie haben Serien das Schauspielwesen verändert?

*Du hast die Möglichkeit, einen Charakter von der Jugend bis ins Alter zu spielen und zu begleiten. Alle Tragödien, alle Schicksalsschläge. Da fragt man sich schon, möchte man da dabei sein? Es ist halt eine Beschäftigung über Jahre.*

Wärst du gerne dabei?

*Wenn der Drehbuchschreiber gut ist, und das ist er bei „Downton Abbey" sehr, dann hast du viele Möglichkeiten, viele Facetten einer Figur auszuloten, zu spielen. Nichts ist schwerer zu spielen als eine Figur ohne Konflikte. Das erwarte ich von einem Autor, von einem Drehbuchschreiber: dass er mir gute Konflikte hineinschreibt.*

*Weißt du, im Grunde genommen ist es so: Wenn du zwei Folgen gedreht hast, ist es, als hättest du einen Film gedreht. Oder du wirst nach der Hälfte rausgeschrieben. Weil du einen tödlichen Autounfall hast. Nachdem du ganz kurz vorher Vater geworden bist und der Stammhalter geboren ist. Und auf der Rückfahrt ... zack. Und man sitzt vor dem Bildschirm und denkt sich, nein!!*

*Nicht der.*

*Nicht der.*

Memorabilia
Simonischeks Wohnung, Wien 2023

Peter Simonischek als Frosch in der Silvester-Aufführung von „Die Fledermaus"
Wiener Staatsoper, 2014

Simonischek ist in ungezählten Rollen auf der Bühne gestanden, er hat in Kinofilmen genauso gespielt wie in TV-Produktionen. Es scheint, als hätte er in allem, was er angreift, Erfolg. Auf der Bühne, in Filmen und Serien. Wie macht er das?

*Man hat mir immer Charisma zugesprochen. Ausstrahlung. Das ist halt ... dafür kann man nichts Konkretes tun. Man kann nicht sagen, warte mal, mir fehlt da noch etwas, ah! Ich hab mein Charisma in der Garderobe vergessen. Das gibt's nicht.*

*Ich weiß nicht, womit zusammenhängt, ob man es hat oder nicht. Das ist auch schwer zu beschreiben. Es hat ja nicht unbedingt mit Bildung oder Intelligenz zu tun. Vielleicht fügen sich die Dinge manchmal einfach?*

*Und doch: Ich war nicht das luftige Talent, das man nicht einholen kann.*

Was für ein Schauspieler bist du denn?

*Einer, der gerne so wäre.*

Pause.

Simonischek lacht.

*Das ist doch schon etwas. Wenigstens zu wissen, was man gerne mag. Mir fehlte manchmal ein bisschen der Mut. Meine doch sehr autoritäre Erziehung hat aus mir einen autoritätsängstlichen Menschen gemacht.*

So fühlst du dich?

*Ja, immer da, wo ich mir denke: Herrgott noch mal, warum kannst du da nicht einfach befreit drübergehen? Ich bin eben mit Beurteilungen aufgewachsen. Meine Generation sowieso. Da wurde andauernd verglichen. Meine Schwester und ich ... unser Vater hat uns nicht, nie (!), gelobt. Und er hat uns zwar den wirtschaftlichen Unternehmer vorgelebt, nicht aber den, der Träume hat, sie anpackt und auch verwirklicht. Wenn ich dieses Vorbild gehabt hätte, wäre ich vielleicht mutiger gewesen.*

Mutiger in welcher Form?

*Einer meiner Wahlsprüche war immer: Bereit sein ist alles. Ich bin nicht derjenige, der sich so mit Ehrgeiz ein Ziel gesetzt hat und dann versucht, mit Beharrlichkeit und Tricks dieses Ziel zu erreichen. Ich war eher ein Fallensteller als denn ein Jäger.*

*Bereit sein ist alles.*
*Das heißt, du lebst dein Leben und es passieren verschiedene Möglichkeiten, die laufen so vor dir auf und ab, und plötzlich sagst du: Ah, das ist es! Du fischst es raus, triffst den Regisseur, redest mit der Agentur und schon machst du die Rolle. Fallensteller ist ein falsches Wort. Aber offen sein, das ist es.*

*Und dann hat der Schauspieler auch die gleiche Aufgabe wie der Rattenfänger von Hameln: Er muss es irgendwie schaffen, dass die Zuseher ihm mit allen Sinnen folgen. Dazu müssen sie sich in dem, was wir darstellen, selbst erkennen. Ist das Interesse erst einmal da, muss es dem Schauspieler gelingen, so für seine Rolle zu werben, dass ihn die Zuseher lieben.*

Theater ist Emotion. Wir sehen uns Theater an, um etwas zu erleben. Und wir leben und leiden mit den Helden mit.

Mit August Diehl in Kleists „Prinz Friedrich von Homburg"
Salzburger Festspiele, 2012

Mit Myriam Schröder in „Das Leben ein Traum"
Burgtheater Wien, 2009

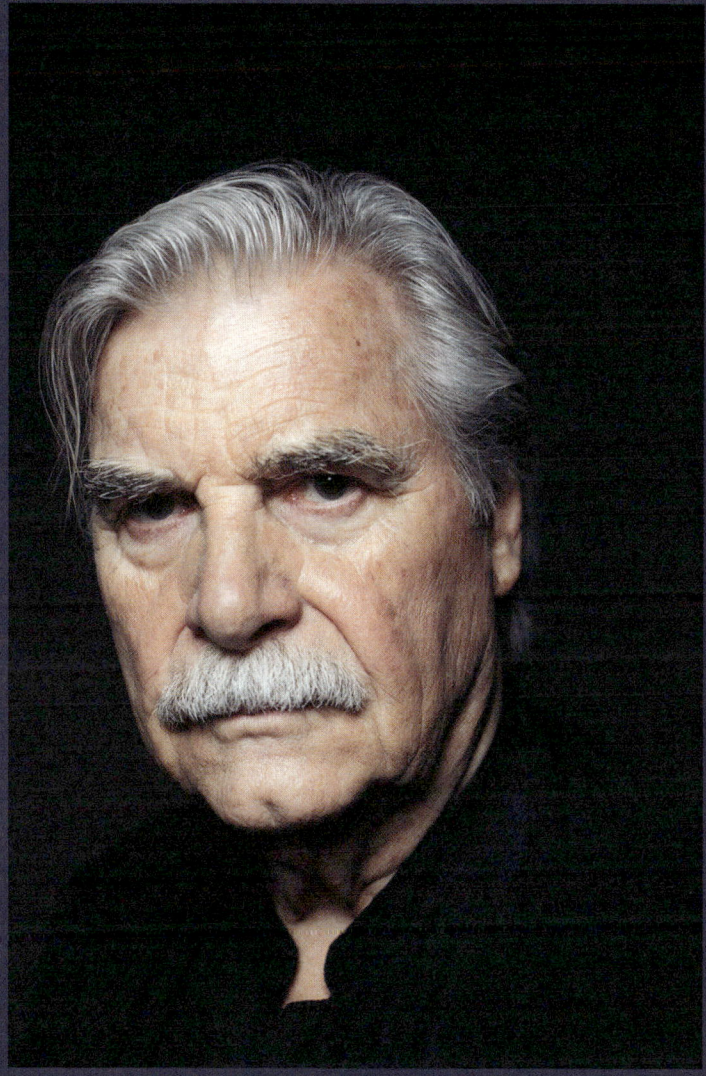

Peter Simonischeks Porträt auf der Website des Burgtheaters Wien
Ensemblemitglied ab 1999

Andrea Clausen und Peter Simonischek in „Ein Sommernachtstraum"
Burgtheater Wien, 2007

SIMONISCHEK SUCHT EIN REZEPT. Er kramt auf dem Küchentisch, im Arbeitszimmer. Er nimmt immer mehr ab und er hat keinen Appetit. Der Arzt hat ihm gesagt, er soll ein paar Joints rauchen, dann kriegt er Hunger. Andererseits ist Rauchen bei einem Lungenkrebspatienten nicht die erste Wahl. Also hat er ihm THC-Tropfen verordnet. Dafür braucht Simonischek jetzt aber einen Arzt oder eine Ärztin, der oder die ihm da einen Sucht-Stempel draufgibt, damit er das Rezept in der Apotheke einlösen kann. *Vielleicht hilft mir das ja,* sagt er.

Simonischek ist kein Suchtmensch, *in Zusammenhang mit der Berufsausübung, mit Vorstellungsspielen und Proben habe ich nie Alkohol oder Drogen benutzt,* sagt er. In seiner Jugend habe es das überhaupt nicht gegeben.

*Als ich bei meinem ersten Engagement in St. Gallen war, gab es im Sommer ja die Sommerspiele in Baden bei Zürich. Da haben die Techniker sich in der Pause, nachdem sie das Bühnenbild umgebaut hatten, draußen auf eine Parkbank gesetzt. Das Theater war ja wirklich direkt im Park. Jedenfalls haben sie einen Joint geraucht. „Willst du auch einen Zug, Peter?" (In Schweizerdeutsch:) „Ja, gib mal her", hab ich gesagt. Irgendwie wollte ich dazugehören, ich dachte, ist ja auch nicht schlecht, sich hier gut zu stellen, und neu war ich auch. Ich mach also drei, vier Züge und es bimmelt und schon ging es wieder ab auf die Bühne. Und diese Dreiviertelstunde nach der Pause hab ich nie vergessen. Es war der blanke Horror. Ich hatte plötzlich so eine lange Nase ... und so einen Hinterkopf ... und hab nicht gewusst, wo die Glocken hängen. Ich dachte, wenn es mich jetzt aus dem Text schmeißt, bin ich aber verloren ... dann find ich nieeee wieder zurück (lacht). Das war der Grund, dass ich nie wieder etwas angerührt habe. Es war eine Lehre.*

Kaspar Simonischek mit seinen Eltern
Besuch der Salzburger Festspiele, 2021

*ICH HÄTTE GERN MEHR GEMACHT MIT MEINEM PAPA UND MEINER MAMA. Mein Papa war immer auch eine Instanz. Ich hab zeitweise so ein bisschen ein Parallelleben geführt. Im Internat war ich ein ganz anderer, als der ich zu Hause war. Da waren oft Gäste, ich musste mich zusammenreißen, meiner Mama war das wichtig, dass wir uns da gut benehmen. Und in der Schule war ich immer der Lustige, jemand, der Blödsinn machte, mit Schmäh und so.*

Sonntagnachmittag, in einem klassischen Wiener Café, dem Prückel im ersten Gemeindebezirk. Ich würde Kaspar Simonischek auch sofort erkennen, wüsste ich nicht schon, wie er aussieht. Fast zwei Meter groß, wie der Vater, die Gesichtszüge ähnlich. Die Simonischek-Ader ist unverkennbar. Kaspar Simonischek ist der jüngste der drei Söhne von Peter Simonischek. 26 Jahre alt, von Beruf Schauspieler. Eloquent im Umgang mit Journalisten, sehr freundlich und zugewandt. Und für sein Alter auch sehr reflektiert und gelassen.

Was ist eine deiner prägendsten Erinnerungen an den Vater?

*Als ich Ende zwanzig einige Zeit in New York war, da kam er mich eine Woche besuchen, und das war eine der tollsten Wochen, die wir miteinander erlebt haben. Das war schön. Mit meinen Eltern gab es nicht so einen Alltag, wie andere ihn oft haben. Da war immer Ausnahmezustand. Vielleicht wollte ich auch deswegen nie sein erstes Buch lesen („Ich stehe zur Verfügung", 2006, Anm.), weil ich eh vor allem diese Sachen an ihm gekannt habe: Er als Schauspieler, er als Star. Ich wollte ihn aber nur als meinen Vater sehen. Und in New York ... da waren wir auf Augenhöhe. Ich war schon ein Jahr dort und alleine, also musste ich auch gut auf mich schauen und eine gute, starke Version meiner selbst sein. Und der Papa war nicht in Angst oder Sorge um mich, sondern entspannt und dementsprechend auch ein Freund für mich.*

Ab wann war dir denn klar, dass dein Papa prominent ist?

*Das Früheste, woran ich mich erinnere, ist, dass wir bei der „Jedermann"-Premiere waren und da habe ich ihm auch Blumen überreicht. Ich war immer sehr stolz auf meinen Papa. Und ich erinnere mich, dass er auf der Bühne die Buhlschaft geküsst hat und ich zu meiner Mama gesagt habe: Ich glaub, wir müssen unsere Koffer packen, der Papa hat eine neue Frau. Ich hab nicht verstanden, warum auf der Bühne etwas möglich sein soll und sonst nicht. Was ist echt?*

*Ich habe ihn immer sehr bewundert, aber manchmal hab ich einen Vater vermisst. Einen, der eben zu Hause war und Sachen mit mir gemacht hat. Ich mag das Gefühl nicht, dass er ein Promi ist. Ich freue mich, wenn er einfach nur mein Papa ist.*

Kaspar Simonischek ist selbst Schauspieler. Er besucht Volksschule und Gymnasium der Wiener Sängerknaben und spielt seine erste Hauptrolle in einem Kinofilm sehr früh an der Seite seiner Eltern im Alter von neun Jahren: Mozart in China. Eine Zeit lang will er lieber Koch werden, dann startet er sein Schauspieltraining bei Susan Batson, der US-amerikanischen Schauspielerin und einer der renommiertesten Schauspiellehrerin in New York – und es ist um ihn geschehen.

*Irgendwie war Schauspiel vorher für mich immer so viel Getue, alles so cool, die Schauspielergäste, die uns besuchen waren, das waren für mich meistens nur Menschen, die mir Zeit mit meinen Eltern weggenommen haben. Weil da der Beruf immer im Vordergrund stand. Als ich in New York war, hab ich begriffen, was Schauspielerei alles ist. Alles sein kann. Da waren so tolle Momente dabei. Ich wusste plötzlich, dass ich das machen will. Und die Bühne war für mich auch immer irgendwie ein sehr, sehr bekannter Ort. Keiner, der mich ausgesaugt hat, sondern einer, an dem ich mich wohlgefühlt habe. Ich hab es schon bei den Sängerknaben genossen, auf der Bühne zu stehen. Und dann hatte ich auch das Gefühl, dass ich schon Talent habe.*

Und das hat er. Kaspar studiert vier Jahre Schauspiel an der Anton Bruckner Privatuniversität in Linz und spielt von 2021 bis 2023 in mehreren Theaterproduktionen am Linzer Landestheater. Mittlerweile ist er auch vor der Kamera erfolgreich, etwa in der Serie *Babylon Berlin*.

War da eine Konkurrenz zum Vater?

*Ich glaube, es hat mir die Arbeit am Anfang leichter gemacht, einfach, weil es einfacher ist, Menschen kennenzulernen. Auf der anderen Seite war es deswegen auch so geil in New York, weil mich dort eben niemand gekannt hat. Es war egal, aus welcher Familie ich komme. Ich war einfach Kaspar und hab mich selbst anders kennenlernen können. In den USA ist man sehr aufmerksam mit dem: „Wer bist du?" Wir mussten so viele Übungen dazu machen, so nach Stanislawski. Man tut etwa, als würde man seine Eltern anrufen und sagen, was man ihnen immer schon sagen wollte.*

*Man erforscht sich bis ins Innere. Und da lernt man sich selbst kennen, all die Emotionen, all diese Details, Erinnerungen in sich. Das war wichtig für mich.*

*Deswegen bin ich auch so in den Beruf verliebt, weil ich mich über ihn selbst anders und tiefer kennengelernt habe. Ich habe vieles in mir dadurch erst ausgelotet. Manches an mir und über mich habe ich darüber erst gecheckt.*

Wie ist Peter als Schauspieler für dich?

*Ich bin glücklich, wenn er auf der Bühne steht und sich so zeigen kann – weil ich weiß, dass es ihn glücklich macht, wenn er auf der Bühne steht und eine Figur spielt.*
*Und er spielt auch.*
*Also vollkommen.*
*Er spielt.*
*Ohne irgendeine Handbremse.*
*Das geht so weit, dass er sich auch nie gut um sich gekümmert hat. Er ist nie zum Arzt gegangen oder so. Auch noch mit gerissenen Bändern auf der Bühne gestanden ... Mein Vater braucht seine Arbeit so dringend. Sie ist Teil seiner Identität. Dafür hat er alles andere im Leben untergeordnet. Ich wäre wirklich gern einmal mit ihm auf der Bühne gestanden. Ich würde so gern mit ihm spielen und wäre sein Kollege gewesen. Ich weiß, da ist er ein anderer. So hätte ich ihn gern kennengelernt.*
*Da kommt sein Humor, da kommen die ganzen Sachen, Theaterfamilie und so.*

Kaspar Simonischek

Kaspar Simonischek

Wie ist es jetzt für dich, dass er krank ist?

*Er tut mir schrecklich leid. Und es macht mir Angst. Angst davor, dass er einmal nicht mehr da sein wird, weil er ein so wahnsinniges Loch hinterlassen wird. Er ist wirklich ein Fels in der Brandung, weißt du? Und dann ...* Kaspar überlegt. *Na ja, er macht sich immer Sorgen um mich. Ich wünschte, er könnte ein bisschen mehr darauf vertrauen, dass andere Kräfte in mir frei werden, wenn ich auf mich gestellt bin.*

Egal, mit wem in der Familie man redet, immer wird diese große Liebe und Bewunderung zu Simonischek spürbar. Manchmal gibt es mehr Distanz, manchmal weniger, aber nie beeinträchtigt sie diese Zuneigung.

---

ES IST ANFANG APRIL 2023, knapp zwei Monate vor seinem Tod. Simonischek hat Angst vor dem Sterben. Es treibt ihn um. In der Nacht vor allem. Wie soll er die Kontrolle abgeben? Wie soll er sie behalten? Wie wird er sterben?

Er redet über Suizid. Er informiert sich über Sterbehilfe.

*Ich möchte die Möglichkeit haben. Ich will selbst entscheiden. Ich will nicht, dass wie so oft in meinem Leben etwas einfach passiert, weil ich nichts dagegen unternehme.*

*Risiko ist unkalkulierbar,* sagte er einmal, es ist eines seiner bekanntesten Zitate. *Das Unkalkulierbare macht Angst.*

Du willst die Kontrolle haben.

Pause.

*Das wollte ich, ja. Die Kontrolle.*

Er unterhält sich mit seinen Söhnen. Mit seiner Familie. Freunden. Der Austausch gibt ihm viel an Ruhe und Frieden.

Panik.

*Ein schlechter Ratgeber,* sagt er. Dann lange nichts mehr.

Woran denkst du?

*Gerade?*

Ja, oder auch was beschäftigt dich generell?

*Auch viel Profanes.*

Simonischek will gerne *Downton Abbey* weiterschauen, aber sein Fernsehapparat streikt.

Bei der gemeinsamen Arbeit am Buch, Saskia Jungnikl-Gossy mit Peter Simonischek
© Dr. Hannes Kurt Karner, Steiermark, 2023

„Alle Elemente unseres Körpers und des Planeten waren im Innern eines Planeten, waren im Innern eines Sterns. Wir sind Sternenstaub. Vor 15 Milliarden Jahren waren wir eine Masse aus Wasserstoff, die im Raum schwebte, sich langsam drehte, tanzte. Unser Fleisch und unsere Knochen kommen von anderen Sternen, vielleicht sogar aus anderen Galaxien, wir sind universal. Und nach unserem Tod werden wir andere Sterne bilden helfen und andere Galaxien. Von den Sternen stammen wir, zu ihnen kehren wir wieder zurück."

Ernesto Cardenal

## WORUM GEHT'S IM LEBEN, PETER?

*Weißt du, zum zehnten Mal zu sagen, sich selbst zu finden, bringt nichts. Ich könnte mir vorstellen, dass alles zusammenhängt. Alles Teil eines immens großen Ganzen ist. Milliarden und Abermilliarden Sterne.*

Simonischek erwähnt das Gedicht Wir sind Sternenstaub, des nicaraguanischen Poeten und Priesters Ernesto Cardenal.

Seine Frau liebe das Gedicht, sagt Simonischek, ihm war es immer zu verblasen. *Aber je öfter ich darüber nachdenke, desto mehr merke ich, dass es in meiner Wahrscheinlichkeit schon Platz hat: Dass wir aus Sternenstaub sind. Woraus sonst?*

Er ist mit dieser Ansicht nicht so weit weg von der Realität. Tatsächlich stammen viele Atome nicht aus der Milchstraße, sondern aus fernen Sternhaufen. Das gilt auch für die Partikel, aus denen der menschliche Körper zusammengesetzt ist. Die Hälfte der Materie auf der Erde hat extrem weite Strecken im All hinter sich.

Ist das tröstlich?

*Na ja. Es ist halt irrelevant für mich und mein Bewusstsein. Aber dann wieder, was ist das Bewusstsein?*

*VIELLEICHT HAB ICH JETZT KREBS, weil ich mit meinem Körper so gnadenlos umgegangen bin. Oder auch aus einem anderen Grund. Man weiß es ja auch nicht.*

Simonischek isst einen Oktopus.

*Vielleicht liegt es auch an ihnen, dass ich jetzt Metastasen hab.*

Wie bitte?

*In Griechenland, im Urlaub, da hab ich mit den Kindern immer Oktopusse gefangen, zwei oder drei im Sommer. Die haben wir gegrillt und gegessen. Sind ja sehr intelligente Tiere. Vielleicht hätte ich das besser nicht getan.*

Unglück.

Simonischek kann sein Glück zu einem Teil erklären. Bei seinem Unglück gelingt es ihm nicht. Manchmal scheint es, als wäre das für ihn am schwersten zu ertragen.

Oktopusse
Griechenland

„Sagt ein Schauspieler zum anderen: ‚Bist du abergläubisch?' Antwortet der andere: ‚Nein, mein Gott, das bringt ja Unglück!'"

Peter Simonischek

ABERGLAUBE IST EIN THEMA in Simonischeks Leben. Zuerst glaubt man, dass er die Dinge jetzt nur zu deuten versucht, Anzeichen dafür sucht, warum ihm das mit dem Krebs jetzt passiert ist. Doch dann kommt man langsam dahinter, dass er einen Hang zum Aberglauben hat.

Das ist gar nicht so überraschend. Im Theater spielt der Aberglaube eine große Rolle. Viele Schauspieler haben ihre eigenen Rituale und Talismane. Nie wünscht man einem Schauspieler vor einer Premiere „Alles Gute!", das heißt nämlich „Toi, toi, toi". Es gibt viele solcher vermeintlichen Regeln: Dreimal über die linke Schulter spucken etwa, auf Generalproben den letzten Satz auslassen, auf Bühnen nicht privat essen oder trinken, kein Liedchen pfeifen.

Einer von Simonischeks Witzen geht so: „Sagt ein Schauspieler zum anderen: ‚Bist du abergläubisch?' Antwortet der andere: ‚Nein, mein Gott, das bringt ja Unglück!'"

Glück. Unglück.

Simonischeks Gefühl, unverwundbar zu sein.
Wo hat es begonnen?

*Am Tag meiner ersten „Jedermann"-Premiere hab ich auf der Straße in Salzburg einen Hufnagel gefunden, also einen Nagel, mit dem einem Pferd das Hufeisen angenagelt wird. Ich hab ihn in mein Portemonnaie gegeben und behalten. Dann war die Premiere ein Riesenerfolg und dann kam das eine zum anderen, unentwegt lief es gut für mich. Und immer mehr hab ich mir gedacht, das ist der Hufnagel.*

Unverwundbar.

*Aber vor ein paar Jahren, 2020, war ich bei Regenwetter beim Spar einkaufen. Vor dem Zurückfahren stecke ich meine Geldbörse außen in meine Windjacke, mach sie zu und steige aufs Fahrrad. Und noch bevor ich zu Hause angekommen bin, hab ich schon gemerkt, dass die Geldbörse weg ist. Also bin ich zurückgefahren und hab sie überall gesucht. Aber es hat ja geregnet, und da gehen viele Leute, es war ein hektisches Durcheinander. Na ja, hab ich mir gedacht, blöd, das Geld ist weg, aber ja, was solls. Ich komm also nach Hause und erzähl es Kaspar, meinem Sohn, und das Erste, was er sagt: Und wo ist dein Hufnagel? Oh Mann!! (Simonischek reißt die Augen auf und imitiert sein Entsetzen.) Darauf sind wir beide gemeinsam wieder zurück und haben gesucht. Und außer dem Nagel hatte ich noch einen Schilling aus meinem Geburtsjahr im Portemonnaie, der war natürlich auch weg. Das Geld, das Portemonnaie waren mir unwichtig, aber der Nagel und der Schilling waren weg. Und wie mich das getroffen hat ... Damals, da, hab ich gemerkt, wie abergläubisch ich geworden bin!*
*Weil ich geglaubt hab, die beschützen mich.*
*Und wir hatten ja ein irres Glück!*

Glück. Unglück.

*Jetzt waren sie weg.*

*Ich bin dann zum Stephansdom gegangen, dort stehen so viele Fiaker, und einem hab ich gesagt, ich brauch bitte einen Hufnagel. Er hat gesagt, ich bring Ihnen einen. Also bin ich inzwischen zum Billa gegangen und hab eine Flasche Veltliner gekauft und dann haben wir getauscht.*

*Haben noch ein bisschen gealbert und so. Der Hufnagel hat mich halt nicht überzeugt, weil er neu war. Kein gebrauchter. Ich hab ihn trotzdem behalten. Und bin außerdem zum Numismatiker gegangen und hab mir den Schilling von 1946 nachgekauft. Das war dann alles schon mit gewissen Zweifeln behaftet. Schließlich waren wir bei einem Freund von uns, der hatte Pferde, und seine Frau hat mir sehr schön verpackt einen gebrauchten Hufnagel gegeben.*
*Den hab ich dann gegen den Fiakerneuling ausgetauscht.*

*Genutzt hats nichts.*

*Seither kommt ein Schas nach dem anderen. Zuerst die Pandemie, damit hats angefangen. Und na ja, so ging es dann weiter.*

Peter Simonischek und sein Vater
Steiermark, 1968

ES IST EIN VERREGNETER TAG MITTE APRIL und wir sitzen in dem Haus der Simonischeks in der Steiermark. Hinter Peter Simonischek an der Wand hängt das mächtige Geweih eines Hirsches.

*Ich bin Jäger, aber kein passionierter Jäger.*

Warum bist du Jäger?

*Sehr gute Frage. Eine sehr gute Frage. Eine, die ich mir längst schon ein zweites und drittes Mal hätte stellen sollen. Meine Mutter hat meinem Vater zum fünfzigsten Geburtstag ein Jagdgewehr geschenkt. In weiser Voraussicht, dass er eine Aufgabe braucht, wenn er nicht mehr arbeitet. Er hat also die Jagdprüfung gemacht und wie auf Kommando war er ein passionierter Jäger. Nachdem ich im Lernen ein Profi war, Schauspielschüler und so, hab ich ihn abgehört, und als Dank dafür hat er gesagt, schau, das kannst du ja auch alles, melde dich doch auch an. Na ja, gut. Hab ich mir gedacht, dann meld ich mich an. Wir haben beide die Jagdprüfung abgelegt und ich fand es anfangs ganz lustig, auf die Jagd zu gehen, mit ehemaligen Schulkollegen auf Hasen und Fasanen zu schießen. Auf Fasanen darf man nur im Flug schießen, das ist nicht leicht. Da hat er auch gute Chancen, nicht nur du. Mit dem Vater zusammen etwas zu unternehmen, am Abend mit den Freunden zusammenzusitzen, das hatte was. Dann, als ich prominenter wurde, gab es Einladungen auf Jagdgüter, auf Hirsche und Rehböcke. Die hohe Jagd. Kein Niederwild. Wenn man mich da oft eingeladen hat, bin ich schonmal auf einen Hirsch gegangen. Und hab auch ein paar erlegt. Kapitale. Ich weiß nicht, warum ich da nicht genauer darüber nachgedacht habe.*

Pause.

Als er weiterredet, scheint er zunächst nur zu sich zu sprechen: *Irgendwann einmal war mir doch klar, wenn jemand ein passionierter Jäger ist, der für den Wald und die Wildfütterung im Winter sorgt, der Verantwortung für die Tiere im Revier übernimmt, ist das etwas gänzlich anderes, als ob man ein Sonntagsjäger ist. Da fahrt man mit dem Auto zum Hirsch hin, zwei halten ihn fest und du schießt aus dem Fenster.*

Sieht mich an. *Nein, also, das würde natürlich keiner machen, das ist zu unwaidmännisch. Aber im Grunde ist es so.*

*Mein letzter Abschuss war vor ein paar Jahren. Eine Gams. Als ich das gemacht hab und das Gamserl am Boden lag und gezuckt hat ... Es war ein strahlend schöner Tag, die Gämsen sind so dahingezogen.* (Imitiert die Stimme eines Jagdkollegen:) *Waidmannsheil, Peter, Waidmannsheil. Das war nach dem Abschuss das Erste, was man zu mir gesagt hat ... als hätte ich eine tolle Leistung vollbracht.*

*Das gehört zu dem Aberglauben in mir.*

*In dem Moment, in dem ich geschossen habe, hab ich gedacht, das wird mir die Natur zurückzahlen.*

Dir ist vorher nie in den Sinn gekommen, das ist ein Lebewesen, das ich da töte? Und warum du das tust?

*Doch sicher. Die Antwort für mich war, weil ich Jäger bin. Weil das Tradition ist. Weil es in einer gewissen Gesellschaft dazugehört. Ich mein, ich gehe in Wien, bleibt einer im Aston Martin neben mir stehen: „Servus, Peter! Komm, schau mal in den Kofferraum." In dem Kofferraum liegt in eine Plane eingeschlagen so ein kapitales Geweih. „Hab ich vorige Woche in Andau geschossen." Dann ein bissl ein Smalltalk über den Abschuss ... Es gibt so eine Gesellschaftsschicht ... Aber: Es war garantiert falsch. Als ich die Gams getötet hab, da wusste ich es. Da wusste ich, dass es falsch ist. Ich hab mich in der Sekunde gefragt, was für einen Scheiß machst du da? So ein schöner Tag, so ein schönes Tier. Und mir wird noch dazu gratuliert.*

*Auf dem Schulweg sind wir mindestens einmal pro Woche mit dem Schlachten von Tieren konfrontiert worden. Der Weg ging nämlich an einer Metzgerei vorbei. Da haben wir geschaut, wie sie die Schweine eingefangen haben, die gequietscht haben, bis ihnen der Metzger mit dem Schlägel auf den Kopf gehaut hat. Dann mit dem Messer die Kehle auf und über dem Sautrog ausbluten lassen. Das Einzige, was ich meinen Kindern versucht habe zu vermitteln, war der Respekt vor dem erlegten Tier. Dass man bei dem Fisch den Haken vorsichtig rausmacht. Dass man ihn selbst ausnimmt und bratet, und wenn man ihn selbst gefangen hat, kann man ihn auch gut essen.*

*Und bei uns am Konvikt ... Der Prälat, der damals Abt war, der war auch ein großer Jäger. Im Herbst gab es mindestens einmal in der Woche Hirschfleisch, Gulasch, Schnitzel. Also ich bin damit aufgewachsen.*

*Schrecklich.*

*Meine erste Frau, Charlotte Schwab, hat meinen Jägerbrief genommen und hat ihn mit dem Glas und Rahmen in die Mülltonne geworfen. Was soll das, hat sie gesagt. Tiere töten! Und dann hängst du das an die Wand. Es hätte halt eher gefruchtet, wenn sie mit mir in aller Ruhe ein Gespräch geführt hätte.*

## BEATLES ODER STONES, PETER?

*Ich muss ehrlich sagen, ich fand die Frage für mich nie ergiebig. Beide waren super. Wenn man mehr auf Revoluzzer gestrickt war, dann war man mehr bei den Stones. Die fuhren direkt in den Bauch. Satisfaction.*

*Da krieg ich heute noch eine Gänsehaut!*

Simonischek hebt zur Demonstration seinen Unterarm hoch. Er hat in seiner Jugend Schlagzeug in einer Band gespielt. Schaut versunken aus dem Fenster. Imitiert das Stück. *Wenn Charlie Watts dann mit dem Schlagzeug reinkam. Toll. Und dann wieder die Beatles, ein bisschen melodiöser, vom Inhalt her anspruchsvoller – auch toll.*

Hast du mal gesungen, in Stücken?

Simonischek lacht. Dann singt er. *Und der Haifisch, der hat Zähne, und die trägt er im Gesicht …* Die Moritat von Mackie Messer, der berühmte Gassenhauer aus Bertolt Brechts *Dreigroschenoper*.

Er sieht wieder aus dem Fenster. „Black is black" *haben wir auch viel gespielt.* Ein Sommerhit aus dem Jahr 1966 der spanischen Rockband Los Bravos. Simonischek singt leise.

*Black is black*
*I want my baby back*
*It's grey, it's grey*
*Since she went away*

Als Prospero in William Shakespeares „Der Sturm"
Pernerinsel Hallein, 2016

Brigitte Karner und Peter Simonischek bei „Fidelio"
Wolkenturm Grafenegg Festival, 2022

BRIGITTE: *ES IST KEINE KRANKHEIT, DIE BESSER WERDEN KANN.* *Oder die heilt. Aber man kann jeden Tag dafür kämpfen, damit es besser ist, als wenn man das nicht tut. Indem man ein bisschen Disziplin hat und etwas isst, indem man spazieren geht, indem es einem miteinander gut geht. Wenn uns die Krankheit das lehrt, dann lehrt sie uns das Wesentlichste im Leben. Etwas, das wir alle viel zu wenig leben.*

Peter: *Was wir jahrelang nicht geschafft haben.*

Brigitte: *Und so ist es auch ein Geschenk. In jeder Aufgabe liegt eine Gabe. Eine Beziehung ... wenn alles gut geht, und man hat es nett miteinander, das ist der Luxus. Aber wenn es nicht gut geht, und wir sogar dann schöne Tage verbringen können, das sind Geschenke. Dorthin muss man erst einmal kommen.*

Simonischek sieht mich an. *Sie hat recht, oder?* Pause. Leise und zu sich selbst: *Ja, sie hat recht.*

**WELCHEN UNTERSCHIED** zwischen Österreich und Deutschland gibt es, wenn man ein bekannter Schauspieler ist?

*Das kann ich dir sagen, pass auf: In Berlin bin ich im Verkehr stecken geblieben und ich musste zur Vorstellung. Ich hab mir gedacht, na ja, ich muss ins Theater. Da steht im Vertrag, man muss unter allen Umständen versuchen, die Vorstellung rechtzeitig zu erreichen, also bin ich auf den Mittelstreifen gefahren. Rettungsgasse. Ich hab mir gedacht, irgendwie werd ich so schon nach vorne kommen. Ist ja kein Malheur. Aber nach zwanzig Metern sind die Leute in die Mitte gehupft und haben mir den Vogel gezeigt, auf das Auto getrommelt. Einer hat gesagt (imitiert Berliner Akzent): Hast du se noch alle? Meinste, wir stehen hier zum Spaß? Ich hab geantwortet: Ich bin Schauspieler, ich muss zur Vorstellung. Wat biste??? Schreit laut zu den Leuten rüber: Een Schauspieler is er!!! Da vorne stirbt vielleicht ein Mensch und er sagt, er is ein Schauspieler?!?! Damit war die Sache erledigt, ich bin wieder schön in Reih und Glied gefahren, bevor sie mich gelyncht hätten.*

*Etwas Ähnliches ist mir in Wien am Ring passiert. Demonstration, ich bin mit dem Auto zum Burgtheater unterwegs, komm nicht weiter. Ich steig aus dem Auto und sag zu dem Beamten, der dort auf seinem Motorrad saß: Hören Sie, ich muss zur Vorstellung. Sagt er zu mir: Herr Simonischek, stellen Sie Ihr Auto da an den Rand, steigen Sie auf, ich bring Sie hin. Rrrrummmm. Los gings.*

*Das ist der Unterschied. Den nimmt man dankend an.*

Mit Martin Reinke in Pedro Calderón de la Barcas
„Das Leben ein Traum" unter der Regie von Karin Beier
Burgtheater Wien, 2009

„Prinz Friedrich von Homburg": Roland Koch als Graf Hohenzollern, Udo Samel als Feldmarschall Dörfling, Marcus Kiepe als Rittmeister von der Golz und Peter Simonischek als Kurfürst Friedrich Wilhelm
Salzburger Festspiele, 2012

## WORUM GEHT'S IM LEBEN, PETER?

*Heute würde ich sagen: Ein bisschen früher die Erkenntnis der Endlichkeit ins Leben reinzunehmen.*

*Das Bewusstsein um die Endlichkeit. Sei dir bewusst, dass du sterben wirst.*

*Es gibt diesen superschlauen Satz: Heute ist der erste Tag vom Rest deines Lebens. Ja. Ich glaube aber auch nicht, dass es einem wirklich hilft. Wenn es so weit ist, ist nichts mehr so wie früher.*

*Und was noch kommt, weiß ich nicht. Hab ich Angst davor?*
*Ja.*
*Pause.*
*Ja.*
*Große Angst.*

*Und wenn ich daran denke, dass es Menschen gibt, die das ganz alleine durchstehen müssen. Menschen, die wissen, da kommt niemand mehr und hilft ihnen. (Verzweifelt.)*

*Der Tod ist eine solche Unverhältnismäßigkeit zur Schönheit des Lebens.*

*Es ist doch unglaublich, in welchem Kontext wir hier verstrickt sind. Nicht zu wissen, wofür und warum, woher und wohin. Sicher kann man immer wieder neue Antworten finden, aber eine letzte Antwort, die Antwort, die wir suchen ... für die taugen wir nicht. Sonst hätten wir sie. Meine Güte.*

*Wie groß ist die Gnade des Glaubens? Wenn man wirklich tief überzeugt ist, dass danach das ewige Leben kommt. Es gibt ja Menschen, die behaupten, sie haben gar keine Angst vor dem Tod. Und doch, das angstfreie Sterben hab ich mir nicht verdient.*

*Der Sinn des Lebens? Willst du das von mir wissen?*

Pause.

*Also heute weiß ichs nicht. (Lächelt.) Vielleicht beim nächsten Mal. Herr Godot lässt Ihnen ausrichten, dass er heute nicht kommt. Aber morgen ganz bestimmt.*

Simonischek zitiert aus *Warten auf Godot,* diesem berühmten Theaterstück von Samuel Beckett. Er kann nie ohne das Theater. Egal, ob er sich elend fühlt oder glücklich, es ist ihm Basis für alles.

Es gibt so gut wie kein Jahr seit 1980, in dem Simonischek in keinem Film, in keiner TV-Serie mitgespielt hat. In manchen Jahren sind es sechs Produktionen auf einmal. Daneben die Hörspiele, die Theateraufführungen, man fragt sich manchmal, wann der Mann geschlafen hat.

Als er anfing mit dem Theaterspielen, war es ihm eine Flucht aus dem Leben. Dann wurde es sein Leben.

Nichts lässt ihn mehr verzweifeln, als wenn ihm die Bühne genommen wird.

„The Who and the What"
Akademietheater Wien, 2018

Max und Peter Simonischek bei einem Interview
Burgtheater Wien, 2018

ES IST KURZ NACH OSTERN 2023. Peter Simonischek ist erst mit seiner Familie und danach auch wieder allein in dem Haus in der Steiermark. Eine alte Obstpresse, die von der Familie in den vergangenen dreißig Jahren umgebaut und in ein Zuhause verwandelt wurde. Er fühlt sich gerade wohler auf dem Land, sagt er. Hier kann er spazieren gehen, alles ist nahbarer, die Menschen, die vorbeikommen. Brigitte Karner dreht gerade einen Film, sie ist ein paarmal im Ausland, momentan ist sein ältester Sohn Maximilian bei ihm.

*Wir haben wunderbare Gespräche geführt,* sagt Simonischek. Er ist kurzatmig und schnell erschöpft. Allein will er nicht sein. *Das Familiensitzbad über Ostern ist anstrengend gewesen,* sagt er dann. So viele Menschen, die kommen und gehen.

Fordert er denn Ruhe für sich ein?

Solche Fragen mag Simonischek nicht. *Wie soll ich das denn machen,* sagt er und da wird er wieder lauter und aufbrausend. *Was soll ich denn überhaupt mit Ruhe?*

Max schaltet sich ein. *Wenn es dir zu anstrengend wird, musst du das halt sagen. Die Menschen glauben sonst irrtümlicherweise noch, dass sie dir eine Freude machen.*

Peter: *Tun sie ja auch! Aber irgendwann einmal ...*

Wie war es für Vater und Sohn, ein paar Tage miteinander zu verbringen?

Max: *Ich werde pragmatisch, wenn ich hier bin. Weil ich ständig schaue und überlege was ich machen kann, damit es dir gut geht. Und dann haben wir auch viel geredet. Wir hatten etwa ein Telefonat mit dem Arzt, in dem ging es darum, wie du dein Ende gestalten könntest.*

Peter (nickt): *Ich hab Max zu verdanken, dass ...*

Max: *... es keine anderen dunklen Gedanken mehr gibt.*

Peter: *Sie haben mich Tag und Nacht verfolgt. Ich meine, man malt sich alles aus, bis ins kleinste Detail. Wie soll ich sterben? Wie werde ich sterben? Was kann ich selbst bestimmen? Und dann verliert man bei der ganzen Sache, bei dem Sich-unentwegt-damit-Beschäftigen, aus den Augen, was man der Familie damit antut, was man auch sich selbst antut mit dieser Gewalt.*

Pause.

Peter: *Ich hab ja auch nicht so wahnsinnige Schmerzen. Vielleicht noch nicht. Man überlegt natürlich. Und selbstverständlich habe ich eine Patientenverfügung. In einem aussichtslosen Fall will ich keine lebensverlängernden Maßnahmen. Das entscheide ich.*

Pause. Blick zu Max.

*Über manches davon kann ich so mit niemand anderem reden.*

Max: *Es ist leichter, hier mit dir darüber zu reden, als sich aus der Ferne auszumalen, mit welchen Ängsten du dich mehr oder weniger von heute auf morgen auseinandersetzen musst. Das ist um einiges schwieriger.*
*Ich möchte mir nicht ausmalen, mit welchen Gedanken du dich seit der Diagnose täglich auseinandersetzt.*

*Es tut gut, darüber zu reden. Und es ergibt sich eine Art des Pragmatismus. Wenn ich nur schluchzend dasitzen würde, kämen wir keinen Meter weiter. Und das tust du ja auch nicht. Es ist schwierig, eine Balance zu finden. Eine zwischen dem, den Kampf anzunehmen und zu kämpfen, und doch auch zu akzeptieren, dass das Leben zu Ende geht. Wir sterben alle, eine der wenigen absoluten, endgültigen Dinge, die wir noch übrig haben und nicht durch Geld, Klicks oder Liebe ändern können. Vielleicht hilft es, dass man den Tod – oder noch besser das Sterben – zu Lebzeiten nicht ausklammert, sondern sich wohl dosiert damit befasst. Ob mir das einmal helfen wird, wenn es bei mir so weit ist, weiß ich aber auch nicht. Als ich mit zehn Jahren aufs Internat kam, hast du mir eine Halskette mit einem Anhänger geschenkt, darauf steht Carpe Diem und auf der Rückseite Noctemque. Ich trage den Anhänger heute noch und versuche danach zu leben.*

Peter: *Obwohl wir alle wissen, dass wir sterben werden, rechnet komischerweise trotzdem niemand damit.*

Ist es eine Chance, dass ihr die Möglichkeit und die Zeit habt, darüber zu reden?

Peter: *Jeder meiner Jungs war hier bei mir. Das ist sehr schön.*

Max: *Ich finde es gut, dass wir über das Ende reden. Es ist ein Versuch, diesen unfassbaren Moment fassbar zu bekommen. Und es ist doch auch entscheidend, wie du sterben wirst. Für die, die dich umgeben, und ich denke, auch für dich selbst. Es macht einen Unterschied, ob wir zusammensitzen können, am Bett, in Ruhe Abschied nehmen und die Möglichkeit haben, dich hinüberzubegleiten. Vielleicht wirst du dann womöglich die finale Entscheidung selber treffen, sodass wir es gemeinsam vollenden. Oder ob du dir beispielsweise selber Gewalt, einen Schock antust und dich aus dem Leben reißt... Ich glaube, die Art und*

*Weise hätte unterschiedliche Auswirkungen auf die Hinterbliebenen im Umgang mit ihrer Trauer, und auch auf deinen Körper und Geist. Es ist nachvollziehbar, dass du jetzt andere Dinge im Kopf hast als das, was zurückbleibt, aber vielleicht tut ein Blickwinkel von außen ganz gut.*

Max Simonischek, vierzig, sieht seinem Vater ähnlich. Er ist sehr groß, da ist die gleiche Körperbeherrschung, das gleiche Lachen. Er ist der Sohn von Simonischek und seiner ersten Frau, der Schauspielerin Charlotte Schwab. Max hat das Mozarteum in Salzburg besucht, ist seinen eigenen Weg gegangen. Heute ist der Vater von zwei Kindern ein sehr erfolgreicher Schauspieler.

War die Hemmschwelle für dich niedriger, Schauspieler zu werden?

Max: *Nein, die gab es schon. Der Beruf hat viel mit Scham zu tun, und es ist ja auch charmant, wenn man jemanden dabei zusehen kann, wie er seine Scham überwindet. Aber ich wusste, man kriegt keine übergebraten dafür, ich wusste, ich kann mich auch einfach mal ausprobieren.*

Peter: *Hemmschwelle ... ist zum Beispiel ein Grund für Lampenfieber. Eine Hemmschwelle ist für einen Schauspieler total wichtig. Es gibt ein sehr verbreitetes Missverständnis, dass der beste Schauspieler der ist, der keine Hemmungen hat und keinen Genierer kennt. Pisse in den Eimer, Blut raus, alles zeigen, alles geben – und das gilt dann als ein echter Schauspieler. Ein solches Missverständnis! Denn ein wirklich guter Schauspieler arbeitet stark mit seiner Scham. Er wird dadurch erst zum Partner der Leute, die unten im Zuseherraum sitzen. Wenn es einen nichts kostet, ist es nichts wert. Und wenn der Zuseher da unten auf der Bühne oben einen Helden sieht, den das alles nichts kostet, sagt er sich selbst: Na gut, aber ich bin das nicht. Ich hätte die Hosen gestrichen voll. Es ist nicht authentisch. Interessant ist es doch, wenn der Mensch da oben*

Max und Peter Simonischek. Die beiden Schauspieler,
Vater und Sohn, geben ihr erstes gemeinsames Interview.
Burgtheater Wien, April 2018

*Kraft zeigt und einen Weg vermittelt, mit der Situation umzugehen. Und so zum Helden wird. Wenn er sich quält und Zweifel hat.*

Was für ein Schauspieler ist Max?

Peter: *Ein sehr begünstigter und begnadeter Schauspieler. Er hat so vieles, was man in dem Beruf braucht. Ich hab schon so tolle Sachen von ihm gesehen. Und ich glaube, da ist kein Plafond eingezogen.* (Sieht zu Max.) *Du kannst dein Leben damit verbringen, immer weiter zu gehen.*

*Es war ja so, dass er zuerst versucht hat, als Journalist zu arbeiten. Das war ihm fad. Dann wollte er Fußballer werden, er hat gut gespielt. Aber spätestens nach einem Sommercamp wusste er, dass es nicht dorthin reichen würde, was er haben will.*

Max: *Es war nie wirklich Thema, aber für eine gewisse Zeit hat es schon einigen Platz eingenommen.*

Peter (lacht): *Was haben die Fans am Spielfeldrand immer geschrien?*

Max: *Ja, das hat Peter immer gefreut* (lacht). *Du siehst nur gut aus, haben sie geschrien.*

Peter: *Nur!* (Lacht laut, skandiert mit Betonung auf das Du) *Du siehst nur gut aus, du siehst nur gut aus! Und was hast du gesagt?*

Max: *Lieber so als so.*

Peter: *Großartig!*

Beide lachen.

Peter: *Na ja, jedenfalls hat er mir dann geschrieben, dass er die Prüfungen an Schauspielschulen probiert hat, und an zwei oder drei wärst du genommen worden. Max hat schon immer sehr bewusst einen Bogen um mich als Schauspieler gemacht. Ich hab das für extravagant gehalten und mich gefragt, schämt er sich oder was? Ich hab das nie verstanden.*

Max: *Ja, das hat lange gedauert. Wobei, hast du es denn jetzt verstanden?*

Peter: *Na ja, jetzt ist es so, dass ich mir sag, du bist deinen eigenen Weg gegangen, und den eben weit weg von mir. Wobei du ja deine erste wirklich große Rolle ausgerechnet an der Josefstadt gespielt hast – der österreichischsten Bühne in diesem Land. Und es war ein großer Erfolg für dich!*

Max: *Ja, aber ...*

Peter: *Na, das will etwas heißen!*

Max: *Möglich. Erfolg ist halt auch relativ. Der eigentliche Erfolg für mich in dieser Arbeit war die Erkenntnis, dass ich aus deiner Nähe und hier aus Wien weg muss. Die unverhältnismäßige Aufmerksamkeit, die mir aufgrund meines Nachnamens zuteil wurde ... Das war mir zutiefst unangenehm. Außerdem ist es für einen jungen Schauspieler von fundamentaler Bedeutung, sich frei, ohne Druck von außen entfalten und selbst kennenlernen zu können. In Berlin war das im Gegensatz zu Wien für mich gut möglich.*

Peter: *Ich fand es toll, dass du trotz all der Schulterklopfer und Neider bestanden hast. Na ja. Aufgeregt war ich bei deinen Auftritten nur einmal: Als ihr von der Schauspielschule in Salzburg die erste Schüleraufführung hattet: „Der Streit", eine Komödie des französischen Autors Pierre Carlet de Marivaux.*

Max: *Die Abschlussinszenierung, gell? Ja, da warst du im Publikum und dachtest, hoffentlich ist er gut.*

Peter: *Ich hab gedacht, hoffentlich ist er begabt. Und du warst es. Sofort. Sehr sogar. Und es geht immer noch ein Stück weiter mit dem Beruf und dem Vergnügen. Manches natürlich ... Also „Pension Schöller" mochte ich gar nicht, aber das ist sowieso ein Stück, mit dem kannst du mich jagen. Und dann wieder sehe ich ihn als Mortimer in „Maria Stuart" und bin so stolz. Da nuscheln irgendwelche Kollegen daher, wo man nichts versteht, und da kommt einer ... da verstehst du jedes Wort, alles ist klar gedacht, das hat mich am meisten fasziniert. Dass man dir so beim Denken zuschauen kann. Sehr gut. Und dann bin ich natürlich auch stolz ... Vor Kurzem hat mich jemand besucht, und sie hat gesagt, dass sie auf der Straße gegangen ist und du ziemlich weit voraus vor ihr. Sie hat gesagt, es ist unfassbar, das bist du, Peter. Jede Bewegung, alles. Wenn ich dir auf der Bühne zuschaue, ist es auch ein bissl so für mich. Dann spür ich mich selbst. In den Gesten. Auch beim Applaus, wo du dich da hinstellst, an den Rand. Die Art, wie du dich verbeugst. Ein sehr ähnlicher Charakter.*

Max: *Ist es Stolz oder in manchen Momenten auch Neid? Neid, nicht auf mich persönlich, sondern eher darauf, was noch alles vor mir liegt, während du alles größtenteils schon hinter dir hattest.*

Peter: *Na ja, so ein Neid auf den eigenen Sohn wird ja einfach umgemünzt auf den Erfolg der nächsten Generation (lacht). Ich freue mich bei den Jungen, bei denen, die nachkommen. Die Kriterien bleiben die gleichen. Die Jungen faszinieren mich, wenn sie etwas können.*

Pause.

Wir sitzen in einem Vorbau, einer Art glasverbauten Veranda in dem Haus auf dem Land, draußen regnet es. Peter Simonischek wechselt den Sessel, er sitzt jetzt auf dem „Thron", den er vom *Jedermann* mitgenommen hat, Max ihm gegenüber. Man schaut beide an und man kennt sie aus dem Fernsehen, von der Kinoleinwand, aus den Medien, sie sind beide prominent, beliebt, sie haben beide Preise angesammelt und irgendwie überrascht es einen und zugleich wieder nicht, wenn sie miteinander nichts weiter sind als Vater und Sohn.

Max fragt, ob Peter noch Tee will. Er legt Holz nach. Peter zeigt ihm Fotos auf seinem Handy. Er bittet ihn, ihm Wollsocken zu bringen, seine Füße sind kalt. Max kramt eine Weile im Nebenraum, er ruft Fragen, Peter antwortet, wie Väter das eben so tun, etwas ungeduldig und etwas ungenau. Max probiert einen seiner Pullover an. Sie schweifen manchmal ab, reden über Menschen in ihren Leben, die sonst kaum jemand kennt. Familie eben.

Was für ein Schauspieler ist Peter?

Max: *Auf jeden Fall einer, der sich sehr mit dem Theater identifiziert und alles oder vieles im Leben auf diesen Beruf ausgerichtet hat. Emanzipation oder Neinsagen zu können, fällt ihm bis jetzt sehr schwer. Nicht umsonst ist der Titel seines ersten Buches „Ich stehe zur Verfügung". So etwas wie Ungunst gegenüber Kollegen habe ich bei ihm nie wahrgenommen, nie. Eher im Gegenteil: Wenn wir über Inszenierungen und Schauspielerinnen gesprochen haben, warst du immer sehr loyal und hattest meistens eine aufrichtige und tiefe Riesenfreude an gelungenen Leistungen. Das ist sehr, sehr selten in unserem Beruf.*

Pause.

Max: *Und dann: Er hat Theatergeschichte geschrieben. Beneidenswert finde ich, was du mitgemacht hast an der Schaubühne bei Peter Stein. Diese Art der Identifikation über die Gruppe, mit ihr so konsequent an einer Idee zu arbeiten und das über Jahre zu verfolgen, ist etwas, das ich suche und vermisse.*

Peter: *Ja, das gibt es nicht mehr.*

Max: *An so einer Ära teilgenommen zu haben, finde ich beneidenswert.*

Peter: *Ich hatte da Glück. Damals wollte jeder an die Schaubühne. Und ausgerechnet ich, aus der Provinz, Grazer Schauspielschule, St. Gallen, Bern, Düsseldorf... und dort gab es diese „Kabale und Liebe"-Aufführung, 1979 von Roland Schäfer am Düsseldorfer Schauspielhaus. Wir wurden eingeladen zum Berliner Theatertreffen, und da haben sie mich geholt. Und mussten noch hinter mir her sein, weil meine Adresse nicht gestimmt hat. An der Schaubühne musste alles durch einen Bewerbungsausschuss, das war umfangreich. Damals hat jemand wen wo gesehen und fand ihn interessant und daraufhin kam ihn wer anschauen und dann mussten ihn vom Ausschuss zwei Drittel gesehen haben. Daran sind viele Engagements gescheitert. Ich hatte das Glück, dass wir eben beim Theatertreffen waren, und da konnten mich alle oder fast alle sehen. Ich habe und hatte generell einen beschämend naiven Blick auf meine Karriere. Als klar war, ich geh ans Burgtheater, war eine Pressedelegation am Flughafen: Der große Sohn der Heimat kommt nach Hause. Bei mir? Null Bewusstsein dafür.*

Max: *Ich war auf meine Eltern als Kind immer stolz und bin gerne ins Theater gegangen. Ich wollte im Publikum sitzend allen sagen, dass das da oben auf der Bühne meine Mama ist oder mein Papa. Ich fand gut, wie Peter das macht und wie er den Beruf sieht und handhabt. Gleichzeitig frag ich mich auch, was es mit einem macht, wenn man so*

Als Nazi-Architekt Albert Speer steht Peter Simonischek neben Klaus Maria Brandauer, der auch Regie führte, im Zweipersonenstück „Speer" auf der Bühne.
Akademie der Künste Berlin, 1998

*„Ich stand oft hinter der Bühne und hab mir gedacht, was für ein wahnsinniges Glück, mit diesen Menschen spielen zu dürfen. Weil es solchen Spaß gemacht hat, den Kolleginnen und Kollegen beim Spielen zuzusehen."*

Peter Simonischek

viele Jahre gefeiert und hofiert wird? Verschiebt sich für einen selbst auch, was Erfolg bedeutet? Es gibt ja schon Differenzen zwischen uns. Dass du deine Preise aufstellst etwa. Das würde ich nie schaffen. Ich habe einen anderen Umgang damit.

Peter: *Dazu muss ich sagen, ich hab sehr lange gar keine Preise gekriegt. Die Schaubühne hat keine Preise gekriegt. Dabei war das Selbstbewusstsein schon da, aber es war ein kollektives. Arroganz kann man sogar sagen. Aber der Einzelne hatte das nicht. Das Interessante an der Schaubühne waren nicht die Protagonisten, aber dass man sich etwa ein Stück wie „Der Kirschgarten" von Tschechow anschauen konnte, wo jedes Detail zum Geschehen beitrug. Das hat die unvergleichliche Kraft ergeben. Bei mir? Na ja, Max. Da geht's mir wie dir. Wenn es eine gute Zusammenarbeit gibt, das ist es. Das ist die Miete, der Erfolg, die Freude. Ich stand oft hinter der Bühne und hab mir gedacht, was für ein wahnsinniges Glück, mit diesen Menschen spielen zu dürfen. Weil es solchen Spaß gemacht hat, den Kolleginnen und Kollegen beim Spielen zuzusehen.*

Max: *Das find ich schön. Das gibt es auch nicht oft, dass man Kollegen zusieht. Dass man in der Seitengasse vor Staunen stehen bleibt.*

Peter: *Es gab in „Zwischenfälle" von Andrea Breth am Akademietheater vor der Pause eine Szene, da tanzt Markus Meyer allein auf der Bühne den Donauwalzer. So grandios! So gekonnt, so perfekt, so inspiriert, so temperamentvoll. Jeden Abend bin ich in der Gasse gestanden und hab mir das angeschaut.*

Was sind die Unterschiede zwischen euch?

Max: *Der größte Unterschied ist wohl das Defizit, aus dem wir gestartet sind. Die Anerkennung und Unterstützung der Eltern. Wenn ich mir überlege, was du für Widerstände überwinden musstest. Du hast ja quasi heimlich Schauspiel studiert... Ich hatte in euch einen inhaltlichen anderen Rückhalt. Das war der große Vorteil, nicht das sogenannte Vitamin B. Ihr habt mich als Eltern in der Berufswahl in Ruhe gelassen. So wie es sich für anständige Eltern auch gehört. Und als ich meinen Berufswunsch geäußert habe, was gedauert hat, bekam ich Unterstützung von euch. Das war, glaube ich, unabhängig von meiner spezifischen Berufswahl. Ihr hättet mich auch unterstützt, hätte ich Kfz-Mechaniker werden wollen.*

Peter: *Der Widerstand meines Vaters hat erst dazu geführt, dass ich gesagt habe, das mach ich sowieso. Er hat mich ja aus allem anderen vertrieben. Er hat sich nicht davor gescheut zu sagen, solange du deine Füße unter meinen Tisch stellst, machst du, was ich sage. Aber dann wiederum ... Es war sehr ambivalent. In seiner Praxis hing ein Bild einer Vorstellung aus meinem ersten St. Galler Jahr mit Wladimir und Estragon aus „Warten auf Godot".*

Was ist Peter für ein Vater?

Max: *Vor allem ist er für mich hauptsächlich Vater und nicht Schauspieler. Das war ja nix Besonderes in unserer Familie. Das vergessen viele. Wenn wir Zeit miteinander verbracht haben, hab ich sehr schöne Erinnerungen daran.*
*Das Fischen gehen, Wandern gehen ... es war dann immer sehr fantasievoll, sehr aufwändig und zugewandt. Nur bin ich halt mit ihm nicht aufgewachsen. Es gab viele Hürden, die für uns alle zu nehmen waren. Eure Scheidung, die neuen Ehepartner meiner Eltern, die räumliche und physische Distanz zu dir. Dennoch haben du und Charlotte es geschafft, dass ich mich von vielen Seiten geliebt gefühlt habe. Das ist, wie ich jetzt bei meinen eigenen Kindern sehe, das Allerwichtigste und*

ein solides Fundament fürs Leben, mit dem ich Rückschläge, Niederlagen und Absagen leichter lerne zu verkraften. Das habt ihr mir mit auf den Weg gegeben und davon zehre ich auch noch jetzt in meinem Beruf. Die Zeit, die wir hatten, habe ich in guter Erinnerung. Ich bin in Zürich groß geworden, dann in Hamburg und war zehn Jahre lang in einem Internat. Mein Stiefvater, Sven (der Schauspieler Sven-Eric Bechtolf, Anm.), hatte die Rolle des Vaters eigentlich übernommen und das hat er auch sehr, sehr gut gemacht.

Peter: *Von ihm hast du auch sehr viel gelernt.*

Max: *Peter war ein stolzer Vater, immer bestärkend in dem, was ich tue. Aber auch immer distanziert, weil ich eben nicht bei ihm aufgewachsen bin. Wobei distanziert auch nicht das richtige Wort ist …*

Peter: *Da ist eine Sehnsucht nach einer Nähe, die wir nie hatten. Die man nicht bestimmen kann. Die muss gelebt werden. Wenn sie nicht gelebt wird, beschränkt sie sich auf die Sommer in Griechenland.*

Max: *Ja. Es war immer ein gutes Verhältnis mit dir. Ich werde das ja oft gefragt. Dadurch, dass ich mich von Österreich und auch meinem Vater künstlerisch emanzipiert habe, wurde das immer sehr beleuchtet und Konfliktpotenzial gewittert. Aber wir hatten einfach keinen Alltag zusammen. Heute sehe ich ihn in mir, in meinen Verhaltensweisen, Gesten, die Stimme. Man vergleicht halt: Was haben meine Eltern gemacht und was gibt man an seine eigenen Kinder weiter, auch unreflektiert? Jedes Mal, wenn ich auf meine Ähnlichkeit zu dir angesprochen werde, freue ich mich darüber und bin auch stolz auf dich, so wie du auf mich.*

Benedikt Simonischek bei der Übernahme des
„Nestroy"-Theaterpreises für seinen Vater
Theater an der Wien, 2018

**2016 WIRD PETER SIMONISCHEK SIEBZIG JAHRE ALT** und zu diesem Anlass gibt es ein großes Fest. Viele, viele Menschen, Wegbegleiter, Freunde, Anhänger, Familie kommen, um ihn zu feiern. Doch wenn er davon erzählt, geht es eigentlich vor allem um eines: Die Rede, die sein Sohn Benedikt für ihn gehalten hat.

Benedikt Simonischek ist so groß wie sein Vater und seine Brüder. Er ist sehr klug, das merkt man im Gespräch recht schnell, und er hat eine nüchterne, beinahe sezierende Art auf die Familie zu blicken. Im Gespräch ist er sehr reflektiert. Peter erzählt gern von Benedikt, in mancher Hinsicht sei er ihm ein Vorbild, sagt er. Benedikt ist der mittlere Sohn, der älteste von Peter und Brigitte. Er geht früh seinen eigenen Weg, studiert Volkswirtschaft an der Wirtschaftsuniversität in Wien, ist Referent am Volkstheater, arbeitet als Regisseur.

*Ja, diese Rede*, sagt er und lacht. Wie überall könne man auch da raushören, was immer man möchte, und sein Vater habe eben rausgehört, was er wollte.

*Weißt du, es heißt oft, wenn der letzte Tag kommt, wenn man so krank wird, dann ändert sich noch mal alles. Man selbst ändert sich noch mal. Aber das passiert einfach nicht. Man bleibt, wer man im Leben ist. Was einem bis dahin wichtig war, wird es weiterhin sein.*

Was das im Fall seines Vaters heißt?

*Bei ihm geht es immer ein bisschen um ihn. Vielleicht, weil er in jede seiner Rollen einen Teil von sich gibt. Weil er sich da hergibt. Weil sein Sinn seines Lebens im Schauspiel steckt.*
*Dafür gibt er alles.*

Wer sein Vater für ihn ist? Die Antwort gibt Benedikt selbst am besten in seiner Rede. Hier ein paar Auszüge:

(...)

Die viel gestellte Frage, wie es sei, meinen Vater auf der Bühne zu sehen, hat mich schon immer überfordert. Sie erzeugte stets eine Mischung aus schlechtem Gewissen und der hektischen inneren Suche nach einer würdigen Antwort. Man sieht den erwartungsvollen Glanz in den Augen des Fragenden und kennt die erwarteten aufwändigen Antworten. Doch die Antwort, das weiß ich heute, konnte damals über „normal" gar nicht hinausgehen. Es ist für mich ganz normal, einen Vater zu haben, zu dem Abend für Abend Menschen aus dem Parterre hinauf oder vom Rang hinunterschauen.

Der Vater ist eine zentrale Figur im Leben jedes Menschen.

Jemand, den man seit seiner Geburt kennt, mit dem man schon so einiges erlebt hat und mit dem einen unweigerlich viel verbindet. Und dennoch kommt der Punkt, an dem man sich fragt, wer dieser Mensch ist, der einem schon in so vielen Facetten erschienen ist? Der einem oft so klar und begreiflich und dann wieder so widersprüchlich und fern erscheint. An dem man Eigenschaften entdeckt, benennt, kritisiert und bewundert, die man erst viele Jahre später auf wundersame Weise an sich selbst wiederfindet.

Vater und Sohn bei der „Zauberflöte"
Steinbruch St. Margarethen, 2019

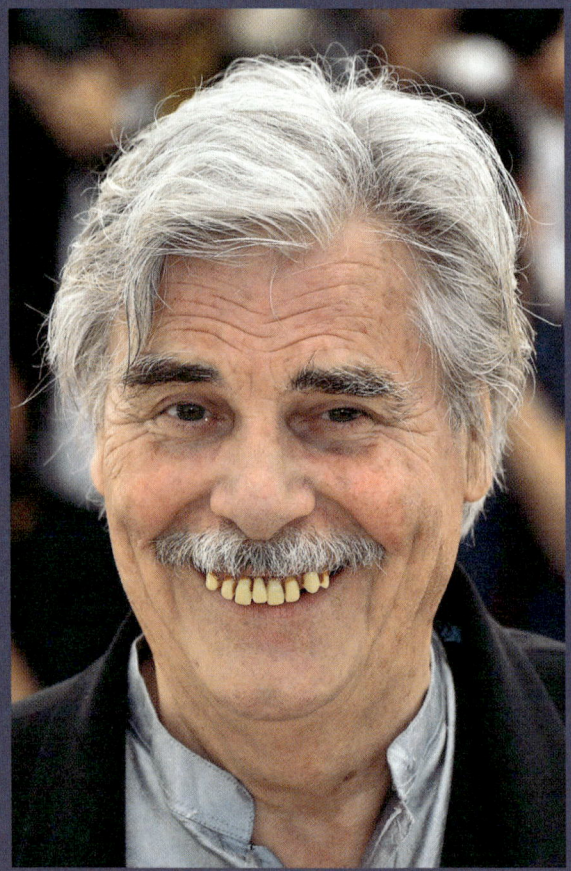
Der Schauspieler posiert mit künstlichem Gebiss aus „Toni Erdmann".
Internationale Filmfestspiele Cannes, 2016

Wie dem auch sei, habe ich besonders in der letzten Zeit verstanden, dass man gerade als Sohn in der Beziehung zum eigenen Vater und auch in seiner eigenen Entwicklung – über dessen Rolle als männliches Vorbild für einen selbst – nicht umhinkommt zumindest zu versuchen, es herauszufinden. Man ist also in der glücklichen Position, ihn ergründen zu müssen, was die Frage des Könnens aushebelt und einen auf eine lange Reise schickt.

(...)

In jeder Figur, die mein Vater darstellt, steckt auch immer ein Teil seiner eigenen Persönlichkeit.

Manche sind dann zum Glück wieder weg, andere würde man ihm sehnlichst öfter wünschen. Aber alle gehören zu ihm. So auch Winfried Conradi, der liebe, empathisch verspielte Vater, der sich zugunsten seiner Tochter eine Auszeit nimmt und dazu ausrückt, ihr Leben zu bereichern. Er schreckt auch nicht davor zurück, einmal etwas „blöd" dazustehen, und erobert die Herzen gerade aus dieser entwaffnenden Liebe und Offenheit. Ein Mensch, der manchmal nur schwer mit dem polternden, genervten Vater in Verbindung zu bringen ist, der ab und zu in der Schellinggasse seine Gastspiele absolviert. Und doch... es ist dieselbe Person. Und deshalb hat mich dieser Film sehr an meine Kindheit in Berlin erinnert.

So geben einem genau diese Momente und Figuren wie Winfried Conradi die Chance, eine gänzlich andere, aber genauso gültige Seite des Schauspielers, Vaters, Freunds und Mannes Peter Simonischek kennenzulernen.

(...)

Doch auch jetzt, wo ich um diese zusätzlichen und weitreichenden Möglichkeiten weiß, meinen Vater, den ich sehr liebe, besser kennenzulernen und zu verstehen, spüre ich den großen Wunsch nach vermehrten gemeinsamen Momenten zugunsten langer Gespräche, gemeinsam vertaner Zeit und unproduktivem Beisammensein. Doch wer weiß, was das Leben jenseits der 70 für uns bereithält.

Denn wie ich meinem Vater bereits im Familychat gesagt habe. Egal, wie alt er auch werden möge, er wird immer ein 68er bleiben.

(...)

Zu guter Letzt möchte ich noch einmal auf das Gedicht *Stufen* von Hermann Hesse eingehen, welches wir heute gehört haben. Dort heißt es: „Kaum sind wir heimisch einem Lebenskreise / Und traulich eingewohnt, so droht Erschlaffen / Nur wer bereit zu Aufbruch ist und Reise, / Mag lähmender Gewöhnung sich entraffen."

Dass du nicht aufhören mögest diesen Weg mit Freuden zu gehen und den Gefallen am Lernen, wachsen und erkennen nie verlieren mögest, wünsche auch ich dir von ganzem Herzen. Soweit ich mir erlauben kann, in meinem Alter von diesen Dingen zu sprechen, ahne ich, dass dies das Geheimnis ewiger Jugend ist.

Ende.

Österreichischer Filmpreis für „Toni Erdmann"
Rathaus Wien, 2017

„Was ist der Sinn des Lebens?
Das Leben selbst.
Und was ist das Leben?
Der Sinn des Lebens."

Peter Simonischek

Kommen und Gehen
Wohnung Wien, 2023

### WAS IST DER SINN DES LEBENS, PETER?

*Es ist das Leben selbst. Das kommt mir schon ganz nahe an das Glaubwürdige. Es ist ein Circulus vitiosus. Ein Teufelskreis. Was ist der Sinn des Lebens? Das Leben selbst. Und was ist das Leben? Der Sinn des Lebens.*

*Und das Wesen des Lebens ist, dass es gefüllt wird!*

*Bei einer Raupe halt mit Fressen und Verwandlung, bei uns Menschen ... Bei jeder Spezies mit dem, was sie ausmacht. Und das ist ja unglaublich wandelbar. Es ist ein Kommen und Gehen.*

---

PETER SIMONISCHEK HAT EINEN HALSANHÄNGER, er ist aus Holz, abgegriffen, geformt wie ein Kreuz, eingefasst in Silber und hängt an einem Lederband. In der Mitte des Anhängers ist ein Loch, da konnte man durchsehen.

*Da war ein winziges Foto von Jesus drinnen. Das hatte ich immer um den Hals. Immer.*

Woher hast du es?

*Na ja. Die Wahrheit hat hier einiges erdulden müssen. Wahr ist ... eine ganz banale Geschichte. Eine Jugendgeliebte von mir, eine schillernde Person, war in Griechenland und dort schwer krank. Sie lag mit hohem Fieber und hatte Angst. Da kam eine alte Frau und hat ihr dieses Kreuzchen mit der Stecknadel über ihr Bett in die Tapete gesteckt. Es möge sie beschützen. Und irgendwann hat sie es mir geschenkt. Ich weiß den Anlass nicht mehr genau. Aber seither halte ich es in Ehren. Mit Lederband, super, das mag ich. Egal, wie ich angezogen bin, ob ich einen Smoking anhabe oder einen Steieranzug – unten drunter bin ich das.*

*Ich.*

Er nimmt den Anhänger in die Hand. Er sieht ihn an.

*Irgendwie war das immer ich.*

*Früher bin ich nur mit Jeans, Jeanshemd, Wrangler oder Rifle und rotem Halstuch rumgelaufen. Und Gitarre. Eines Tages, wir waren mit den Eltern meiner ersten Frau auf Urlaub. Wir hatten ein Schlauchboot und sind damit zu einer kleinen Insel rausgefahren. Und eines Tages waren wir duschen vor dem Abendessen und sie sagt zu mir, wo ist denn dein Kreuz? Es war weg. Es war weg. Oh mein Gott. Es wird schon dunkel. Finster. Wie kann das sein, hab ich mir gedacht. Ich hab mich erinnert, dass wir auf der kleinen Insel auf einen Steinturm geklettert und von dort senkrecht ins Wasser gesprungen sind. Da dachte ich, ach, vielleicht ist es mir dort über den Kopf weg. Jedenfalls bin ich am nächsten Tag in der Früh wieder auf die Insel gefahren und hab angefangen zu suchen. Unter dem Gelächter aller. Meine Schwester hat gesagt, mein Gott, wann wirst du akzeptieren, wenn etwas verloren ist? Was weg ist, ist weg. Das muss man loslassen können. Und so weiter.*

*Ich hab keine zehn Minuten gesucht. Und hab es gefunden.*

*Glück.*

*Da hing dieses Ding unter Wasser über einen Felsvorsprung. Das Holz nach oben, weil das wollte wegschwimmen. Dadurch war es in dieser auffallenden Stellung. Wäre es unten gewesen, keine Chance. Wäre das Holz stärker gewesen, keine Chance. Seither ist es mir unersetzlich.*

*Ich lass es mittlerweile sogar oft zu Hause, weil ich Angst habe, dass es mir auf den letzten Metern noch abhandenkommt. Es ist mir so ans Herz gewachsen. Ich bin sogar nachts aufgestanden und mit dem Fahrrad ins Theater gefahren, ließ mir vom Nachtwächter die Garderobe öffnen, um sicher zu sein, dass ich es dort vergessen hatte. Ich hab es immer bei mir. Brigitte hat mir das Holz irgendwann einmal mit Silber einfassen lassen und so kann es nicht verloren gehen.*

*Ich möchte, dass es meine Söhne kriegen. Nur, eines kann man nicht an drei vererben. Also mache ich es wie Nathan. Ich lasse zwei ähnliche machen und jeder kriegt eines. Man wird es erkennen, aber es ist darauf ausgelegt, dass man es nicht erkennt.*

## WORUM GEHT'S IM LEBEN, PETER?

*Ja, vielleicht ist es das. Ein Leben zu führen, das vor Gott und den Menschen angenehm ist. Ein anständiges Leben zu führen. Im Sinne Gottes und zum Wohle der Menschen zu handeln.*

Ja, vielleicht ist es das.

„Der Kirschgarten" von Anton Tschechow in einer Inszenierung von Peter Stein. Jutta Lampe als Ljubow Andrejewna Ranjewskaja und Peter Simonischek als Leonid Andrejewitsch Gajew.
Schaubühne Berlin, 1989

Peter Maria Simonischek
1946–2023

PETER MARIA SIMONISCHEK STIRBT AM 29. MAI 2023.

Er wird liebevoll begleitet von seiner Frau Brigitte und seinen drei Söhnen, Kaspar, Benedikt und Max.

Er hat keine Angst und keine Schmerzen.

JUNI 2023

Es ist warm und ein bisschen windig. Im Rückfenster des Autos spiegelt sich die Sonne. Dort, wo der Sarg endet.

Zuvor wurde er rund um das Burgtheater getragen. Hinter ihm der Trauermarsch, laute Musik über dem Platz. Eine letzte Ehrung.

Das Auto biegt auf den Ring ab.

Der Applaus hält noch eine Weile an.

Dann fällt der Vorhang.

ENDE

Trauerzug um das Burgtheater
Wien, 2023

Die Söhne Benedikt, Kaspar und Max Simonischek
Burgtheater Wien, 2023

# Nachwort

Sommer 2023. Brigitte Karner-Simonischek sitzt in der Wohnung in Wien an dem Tisch im Erker. An einem Fenster daneben lehnt ein Hochzeitsfoto: jung sind beide, ernsthaft. Im Jahr 1989 heiraten Brigitte Karner und Peter Simonischek. Die Ehe ist nicht harmonisch, wie Brigitte sagt, sie ist leidenschaftlich, schwierig, antreibend.

Sie lernt Peter bei einem Dreh kennen, *Lenz oder die Freiheit,* ein vierteiliges, insgesamt etwa sechsstündiges Historiendrama, dessen Dreharbeiten sich über Jahre erstrecken. *Er war mir damals gar nicht so ein Begriff und ich bin auch nicht auf ihn abgefahren, weil ich wusste, er ist verheiratet und hat ein Kind. Das war für mich eine komplette Tabuzone. Wir haben dann den Sommer über gedreht und einander kennengelernt und als sich herausgestellt hat, dass seine Ehe eigentlich nicht mehr intakt ist und ich nicht das Gefühl haben musste, dass ich etwas kaputt gemacht habe, habe ich gesagt: Okay, wenn stimmt, was du sagst, können wir nächsten Sommer neu auf uns und eine Beziehung schauen.*

Pause.

*Aber ja, es hat ziemlich schnell sehr gebrannt in mir. In uns. Alles war ganz heiß hier* (lacht und streicht über ihren Arm), *wenn wir einander gesehen haben. Es war ein tolles Gefühl. Einzigartig. Ich habe das nicht gekannt und auch nie wieder erlebt. Es hat wirklich im Körper gebrannt. Wir hatten unsere Zimmer beim Dreh nebeneinander, die Betten standen so, dass unsere Köpfe aneinanderlagen. Er hat immer gesagt, sein Kopf würde in Flammen stehen. So hab ich das auch empfunden. Da war eine Energie, die uns durch die Wände hindurch verbunden hat.*

Eine Energie, die zu einer großen Liebe wird. Einer Liebe, die sie über Jahrzehnte trägt und bis zum Schluss zusammenbleiben lässt. *Wir haben gemeinsam eine Psychotherapie gemacht, in der wir gelernt haben, miteinander zu reden. Nur weil eine sehr starke Energie zwischen zwei Menschen besteht, heißt das noch nicht, dass sie miteinander leben oder reden können. Wir waren so unterschiedliche Menschen. Immer gewesen.*

Brigitte nimmt die Dinge immer sehr ernst. Sie ist eine Frau deutlicher Worte. *Ich hatte nie ein Problem, auch wenn es gegen meine Lüste ging, so zu entscheiden, wie ich es für richtig empfand. Peter hingegen ist leidenschaftlich schwankend.*

*Wir hatten immer den Willen, es gemeinsam zu schaffen.*

Gemeinsam bekommen sie nicht nur zwei Söhne, sie stehen auch miteinander auf der Bühne und weiter vor der Kamera.

*Peter ist ein Schauspieler im reinsten Sinn gewesen. Mit einem unglaublichen Talent und einer unglaublichen Ausstrahlung.* Ihre Wesen sind sehr unterschiedlich. Peter macht die Gruppe stark, Brigitte schwächt sie. *Ich habe mich da immer stark auf die anderen konzentriert, ich war offen und hab gespürt, was liegt in der Luft? Kann ich wo helfen? Ich hab die Energien der anderen Menschen immer sehr wahrgenommen.* Peter ist anders. Er kommt an einen Drehort, scherzt mit den anderen, erzählt Witze, und wenn es heißt: Klappe, dann ist er da und total in der Rolle. *Peter war ein Internatskind, er hatte null Probleme damit, sich abzugrenzen.*

Brigitte Karner und Peter Simonischek bei der
Eröffnung der Heidi Horten Collection
Hanuschhof Wien, 2022

Später beginnen die beiden mit Lesungen. *Das war natürlich auch schwierig, weil wir sehr unterschiedlich sind, aber doch, unsere Abende waren immer besonders. Sie fanden im Moment statt.*

Pause.

*Es wird mir sehr fehlen. Die Vorbereitungen waren konfliktreich, und auf den Bühnen war es ein Geschenk.*

Im vergangenen Jahr muss Brigitte auf andere Art über sich hinauswachsen. Sie ist nicht nur Vertraute, Geliebte und Bühnenpartnerin, sie wird auch zur Beschützerin, zur Blitzableiterin zu Hause. Wie es ihr damit ging?

*Es war schwierig, da war viel zu lernen. Es hat mich immer wieder auf mich zurückgeworfen. So gesehen bin ich froh, dass es schwierig war, sonst könnte ich jetzt mit seinem Weggang nicht fertig werden. Ich würde nicht damit fertig werden. Weißt du, egal, wie schrecklich es sein konnte, wenigstens war er bei mir. Also, so schrecklich war es nicht, das kann man natürlich ins Unermessliche ziehen. Doch du kochst für wen, du sorgst dich um wen, du kannst wen umarmen. Unser Zusammensein war immer geprägt von der Glückseligkeit, dass der andere da war.*

Dieses Spiel Leben.

*Ich glaube, dass unsere Seelen Verabredungen treffen. Peter und ich hatten eine Verabredung. Für mich hat das bedeutet: Ich unterstütze ihn und gebe ihm von meiner Schaffenskraft, was ich habe. Und er macht das Beste daraus. Das hat er gemacht. Und nun, nun hoffe ich, dass ich die Kraft finden werde, diese entstehende Freiheit zu nutzen, um auch zu dieser Größe zu kommen. Das will ich.*

Worum geht's im Leben, Brigitte?

*Tja. Worum geht's im Leben? Es geht um Liebe.*

*Und ums Streben. Darum, die Anteile in sich, die der Gesellschaft am besten nutzen können, bei sich herauszuarbeiten. Zu verstehen, wer man ist, zu lernen, wer wir sind. Seine Grenzen zu akzeptieren.*

*Es geht um ein Spiel.*

# Danke

Dieses Buch wurde zu zweit begonnen, und diesen Dank, das letzte in diesem Buch, schreibe ich nun allein. Es wiegt schwer. Ich bedanke mich bei der Familie Simonischek. Bei Peter, der mich an seinen Gedanken, seinem Leben, seinen Wünschen hat teilhaben lassen. Danke, dass wir auch immer wieder in einer Leichtigkeit und mit Humor miteinander geredet und gelacht haben und für all die vielen intensiven Gespräche. Sie werden noch lange in mir nachklingen. Ich bedanke mich bei Brigitte, bei Max, Benedikt und Kaspar dafür, dass sie mir so offen und mit Vertrauen begegnet sind. Es war mir eine Ehre, euch kennenzulernen und ein Stück begleiten zu können.

Ein großes Danke an den Molden Verlag für die leise und stete Unterstützung in einer sehr intensiven Zeit und für das Vertrauen, vor allem an Matthias Opis, Elisabeth Stein-Hölzl, Ulli Steinwender und Stefan Schlögl. Ich danke meiner Lektorin Teresa Profanter und all den Menschen, die auf unterschiedliche Art unterstützend da waren, allen voran Johannes Baumgartner, Erich Marx, Klaus Peters, David Pesendorfer und Judith Hecht sowie Susanne Jungnikl, Renate Stangl, Elisabeth Hoang und Bernhard Müllegger.

Und, immer und immer wieder, mein größter Dank an Florian und Samuel, dass ich dieses Leben mit euch leben darf.

Saskia Jungnikl-Gossy

© Pamela Russmann

**SASKIA JUNGNIKL-GOSSY** ist freie Journalistin, Autorin und Podcast-Host. Ihre Bücher „Papa hat sich erschossen" (2014) und „Eine Reise ins Leben" (2017) sind im S. Fischer Verlag erschienen. Gemeinsam mit ihrer Familie lebt sie in Wien und im Burgenland.

# Thank you for reading!

Wir freuen uns auf Austausch und Anregung: **leserstimme@styriabooks.at**
Inspirationen und gute Geschichten finden Sie auf **www.styriabooks.at**

### BILDNACHWEIS

**Xenia Hausner** ©, Berlin & Altmünster: Coverbild sowie auf Seite 4;
**Harald Eisenberger** ©, Wien & Graz: 10, 27, 33, 34, 47, 57, 59, 70, 88, 97, 123, 190;
**Elena Zaucke** ©, Hamburg: 73, 74; **Claudia Rohrauer** ©, Wien: 77;
Privat, **Brigitte Karner**: 87, 150; © brigitte-karner.at: 40;
© Archiv der Salzburger Festspiele: 16, 78 (**Oda Sternberg**);
© ASF, Clärchen und Matthias Baus: 16; wikipedia.org © **Luigi Caputo**: 127;
© Burgtheater, https://www.burgtheater.at/ensemble/peter-simonischek © **Sergi Pons**: 129;
© schauspielabsolventen.at © **Elisa Unger**: Absolvent*innen: Kaspar Simonischek; 137, 138;
© Dr. Hannes Kurt Karner, Pörtschach am Wörthersee, 2023: 141; © Unsplash, **Despina Galani** (https://unsplash.com/de): 145; **Ernesto Cardenal**-Text auf S. 142 mit freundlicher Genehmigung des Peter Hammer Verlag GmbH, Wuppertal; wikipedia.org © **Manfred Werner** (Tsui) Österreichischer Filmpreis 2017: 187; **Christian Mastalier** ©, Wien: 196;
**Picturedesk.com**: 17, 64 l. m. (**Franz Neumayr**); 20 beide (**Sony Pictures** / Everett Collection);
23 (**Dave Bedrosian** / dpa Picture Alliance); 60, 64 o. (**Hans Klaus Techt** / APA); 64 r. m. (**joker** / Action Press); 64 u., 65 o., 84, 155, 160 (**Barbara Gindl** / APA); 65 m. (**Ernst Kainerstorfer** / VGN Medien Holding); 65 u.; 69 (**Zach - Kiesling Roman** / VGN Medien Holding); 83 (**Frederic Kern** / Action Press); 98 (**Menemsha Entertainment** / Everett Collection); 103 (**Konrad Giehr** / dpa); 104, 195 (**Ullstein - Binder** / Ullstein Bild); 107 (**Hedwig Prammer** / Reuters); 111, 180 (**Georg Hochmut** / APA); 112 (**Hans Punz** / APA); 118 (**Matthias Röder** / dpa); 124 (**Alexander Tuma**); 128, 159 (**Rober Jaeger** / APA); 130 (**Herbert P. Oczeret** / APA); 132 (**Franz Neumayr**); 156, 183 (**Starpix**); 163 (**Christa Fuchs**); 164 (**Jens Gyarmaty** / laif);
169 (**Jens Gyarmaty** / laif); 175 (**Nestor Bachmann** / EPA); 184 (**Loice Venance** / AFP); 188 (**Clemens Fabry** / Die Presse); 199 (**Eva Manhart** / APA); 200, 203 (**Andreas Tischler**)

### IMPRESSUM

© 2023 BY MOLDEN VERLAG
in der Verlagsgruppe Styria GmbH & Co KG
Wien – Graz, Alle Rechte vorbehalten.
www.styriabooks.at
ISBN 978-3-222-15120-0

Projektleitung: Ulli Steinwender
Cover- und Buchgestaltung: Ursula Feuersinger
Lektorat: Teresa Profanter

Druck und Bindung: Finidr
Printed in the EU
7 6 5 4 3 2